U0851932

阅读写作
赋能美好人生

笑 薇◎著

中国铁道出版社有限公司
CHINA RAILWAY PUBLISHING HOUSE CO., LTD.

图书在版编目(CIP)数据

阅读写作赋能美好人生 / 笑薇著. -- 北京 : 中国铁道出版社有限公司, 2025. 9. -- ISBN 978-7-113-32561-9

Ⅰ. G792-49; H15-49

中国国家版本馆 CIP 数据核字第 2025371PR3 号

书　　名: 阅读写作赋能美好人生
YUEDU XIEZUO FUNENG MEIHAO RENSHENG

作　　者: 笑　薇

责任编辑: 陈晓钟　　　**电　　话:** (010)51873036

封面设计: 宿　萌

责任校对: 刘　畅

责任印制: 赵星辰

出版发行: 中国铁道出版社有限公司(100054,北京市西城区右安门西街 8 号)

网　　址: https://www.tdpress.com

印　　刷: 三河市宏盛印务有限公司

版　　次: 2025 年 9 月第 1 版　2025 年 9 月第 1 次印刷

开　　本: 880 mm×1 230 mm 1/32　**印张:** 5.5　**字数:** 100 千

书　　号: ISBN 978-7-113-32561-9

定　　价: 58.00 元

版权所有　侵权必究

凡购买铁道版图书,如有印制质量问题,请与本社读者服务部联系调换。电话:(010)51873174

打击盗版举报电话:(010)63549461

推　荐

看笑薇老师一路写书、讲课、带读书营，我见证她从热爱出发，走出了一条特别踏实的成长路。她不是在喊口号，而是真心把读书、写作变成了一种温柔又有力量的生活方式。这本书就像她本人一样：有故事，有智慧，有温度。

——知名 AI 作家、讲师　桑梓

想要成为一名演讲高手，离不开阅读的滋养。唯有海量输入，才能让输出精准有力，才能让表达鲜活动人。笑薇老师以亲身经历证明：阅读能重塑人生轨迹。她在书中凝结的阅读写作智慧，一定会给你带来启发与收获。

——《演讲高手：让你开口就赢的 10 个演讲法则》作者、
勇敢说口才培训中心创始人　汤金燕

笑薇老师的新作，本身就是"分享阅读之乐"的最佳注脚。创作时饱含喜悦，字里行间自然流淌出温暖与欢欣，让每一位捧起它的读者都能感受到这份纯粹的开心。一本真正悦己悦人的温暖之作，恭喜问世！

——《流量变现》《人人都是超级个体》作者、
私域电商创业者　刘芳

笑薇老师通过阅读写作实现了个人成长，从一个读书爱好者成为畅销书作家，实现了生活自由、财富自由。做喜欢的事情，过上有钱有闲的生活，这不就是我们向往的美好生活吗？这是一本让你通过阅读写作找到人生幸福秘籍的宝藏之书!

——《懂点脑科学让学习轻松高效》作者、
高效学习力导师　余琴

笑薇是一位阅读写作的极致爱好者与践行者,我很欣喜地看到她这本《阅读写作赋能美好人生》出版。她将心灵感悟、能力和人生精进巧妙地贯穿到了阅读和写作的行动中,处处体现着个人蜕变与自强的精髓。既给人力量,又不失实用温度,堪称当代女性的成长励志宝典。

——《自律的孩子成学霸》作者、资深青少年
学习动力专家　凌笑妮

笑薇老师的新作《阅读写作赋能美好人生》,带你在阅读中驰骋想象,于写作里抒发真情,为美好人生赋能添彩,不容错过!

——《小学阅读有方法》作者　春秋

新媒体时代,还需要阅读吗?《阅读写作赋能美好人生》给出了答案。热爱文字、热爱阅读的人,必然热爱生活。阅读是一种修行,作者把自己与阅读写作之间的故事,用生动的文字集结,让读者看到的不是“邪修”,而是向上的力量、前进的勇气、星火的光芒。

——江西省作家协会、江西省文艺评论家协会会员,
江西省杂文学会副会长　吴敏

读书不是为成为“人上人”,而是照见自己的光。从迷茫到笃定,从浮躁到沉静,笑薇老师以 8 年亲证:长期读写,能练就专注与通透,让平凡日子长出力量。愿你翻开此书,在字里行间,活出自己的从容与自由。

——《社群发售变现,你也学得会》作者、亿级 AI 私域
发售操盘手　邓艳红(红娘)

从一个人的兴趣“单读”，到一群人的价值“共读”，笑薇像一道微光，以身体力行来证明读书写作在这个时代的可能性和可贵性，也将激励更多的人，过一种内心丰满的知性生活。

——中国著名文旅产业专家、旅行作家　孙小荣

互联网时代，如果要培养两种基本能力，那就是学会阅读和写作。阅读是学习与输入，写作是表达与输出。阅读与写作到底有哪些好处？如何才能修炼好这两大基本功？笑薇老师这本书里有答案。她自己就是多年的践行者和受益者，这本书非常值得一读。

——畅销书《日子踉踉跄跄，我俩稳稳当当》作者　吴继康

笑薇老师多年深耕在这个领域，每每说起写作，都会散发着笃定与光芒。能写书的作者很多，但集阅读、写作、孵化、出书于一体的，笑薇老师一定是稀有且你不能错过的。读这本书，透过文字感知被写作赋能的生命力量，成就自己的美好人生。

——服务效能咨询专家、礼仪培训专家　任嘉仪

笑薇对写作有超乎他人的认知——她从“怕写”走到“靠写作生活”就是证明。她的新书，内容全是关于写作落地的执行方法，很实用。我赞同她的观点：选书不用啃大部头，喜欢就好；写作不用追求完美，先写够1000字再说；表达不用怕说错，敢于言说是通往写作道路的第一步。翻开这本书，翻开她的人生与思想，也等于翻开了你的写作未来。

——作家、文化评论人、影评人　韩浩月

从“北漂”的迷茫出发，通过坚持读书写作，最终过上了自由生活。这本书记录了笑薇老师5年自由职业、8年推广阅读、影响10000多名书友的亲身实践。书中分享了切实可行的方法：如何高效读书、如何用写作梳理内心及如何管理精力，帮你告别无效努力，

专注于真正重要的事。

在这个容易浮躁的时代，找到属于自己的节奏和笃定，核心在于——专注做事，坚持行动，让热爱驱动生活。《阅读写作赋能美好人生》是一本真诚记录个人成长，又能清晰指导行动的书，值得你阅读！

——作家私教孵化导师、《如何高效阅读》作者、
向上书院及成为作家读书会创始人　丁玥

概括来说，人生有两种需求：一种是精神的，一种是物质的。能同时满足这两种需求的爱好并不多，而这本书教我们的阅读和写作，恰好身处其中。

——有书总编　李炯炎

笑薇的这本书没有"速成秘籍"，只有普通人能上手的实在方法。跟着做，你会发现：原来读写不是少数人的天赋，而是每个人都能学会的生存技能，能帮日子过得更扎实，把人生过得更美好！

——行动派创始人　琦琦

读书，不是为了成为"人上人"，而是为了活得更清醒、更自在。笑薇 26 岁裸辞读书，5 个月蜕变，8 年深耕，用自己的亲身经历告诉我们：读书和写作不是遥不可及的"高大上"，而是每个人都可以从现在开始做的一件小事。她用专注与坚持，走过迷茫，逆转人生，活出了属于自己的精彩。

如果你也想改变生活，不需要羡慕别人，也不用等待所谓"合适的时机"，从今天开始，拿起一本书，一支笔，写下你的感悟，用每天一点一滴的行动，努力去找属于自己的方向，也许，它就是你人生的转折点！

——帆书翻转师认证导师　胡红斌

（以上排名不分先后）

前　言

亲爱的朋友，很高兴以这样的方式与你相遇！

相信翻开这本书的你，一定也热爱阅读、渴望成长。同频的人，终会相逢。

曾经，我也只是一个爱读书的普通姑娘。但在早年间，阅读似乎并未立刻为我的人生带来显著的变化。和许多人一样，我按部就班地努力读书、考大学、参加工作、结婚生子。

直到结束“北漂”，定居宁夏银川后，为了抓住人生新的可能性，我开始日复一日地坚持读书与写作。未曾预料，正是这份看似微小的坚持，在我25岁之后，掀开了生活的崭新篇章：

5个月，我成为自由撰稿人，单篇稿费2000元起步；

8个月，签约三家平台，靠读书撰稿月入过万；

一年半后，发力自媒体，一年时间，全网收获10万关注；

两年半后，开设线上课程，专栏、网课、训练营相继推出，我的读书写作方法惠及数千学员；

五年后，我的第一本书付梓，上市当月便收获无数读者的肯定与共鸣；

六年半后的今天，我怀着同样的热忱，将这本新书捧到你面前……

与第一本书聚焦于实用的读书写作方法不同，这本书更是一段心路历程的真诚分享。它记录了我这些年如何被阅读与写作深深滋养、改变和重塑——从一个单薄、缺乏力量的姑娘，一步步走向内心的丰盈与笃定。

如果这些文字，能让你在某个瞬间感受到一丝温暖、获得一份力量或点燃一点启迪的星火，那将是我最大的喜悦。

我始终坚信阅读与写作蕴含的磅礴力量。

回望来路：

最初，它们是自我救赎的“救命稻草”，拉我走出迷茫；

后来，它们成为谋生的工具，更是自我实现的阶梯；

如今，它们早已内化为我的生活方式与表达习惯。

我的工作与生活，皆因阅读写作而被彻底重构。它们不仅拓宽了我的认知边界，更深化了我的思想维度，最终，让我与那个“更好的自己”不期而遇。

我无比庆幸，在尚算年轻的人生阶段，就得到贵人指引踏上这条自我成长之路。它仿佛为我打开了一个充满惊喜的“潘多拉魔盒”，让我不断遇见生命的奇迹。这段经历让我深深体悟：只要还在读书，人生就有希望；只要愿意提笔，未来更加辽阔。

因此，我将这一路通过阅读写作收获的成长与心得，真诚地记录于此。希望能借由这些文字，鼓舞到那些如曾经的我一样，渴望向上生长、奋力跃迁的你！更衷心期盼，与这本书的相遇，能成为你开启自己阅读写作之旅的契机。

愿书页间的微光，照亮你前行的星辰大海；让笔尖流淌的思绪，为你铺就通往新生的路。

笑　薇

2025年7月25日

写于宁夏银川

目 录

第一章

“再探”读书与写作：个人成长的蜕变之旅

第一节　读书从来不是为了成为"人上人"

知乎上曾有这样一个有意思的提问:读书是为了成为"人上人"吗? 换句话说,读书是为了变得更有钱、更有地位吗?

这个直白甚至有点露骨的提问,让我这个靠读书自由生活五年、做阅读推广近三年的人,开始重新思考读书的意义。

为什么要读书?

和学生时期为了考个高分,进好学校,毕业后找个好单位不同,对于成年人来说,读书的理由可以说是千人千面。比如,有的人是为了丰富生活,寻找精神上的快乐;有的人是为了探索事业的方向,寻找一种新的可能;有的人是为了自我完善,不断进化为更好的自己;还有的人是为了更好地教育下一代,打造书香家庭……

读书的本质其实是学习。对于不少成年人来说,我们选择读书,最初的想法可能并不是为了成为"人上人",而是源于对现状的不满。比如,生活太单调、无聊;工作发展空间小,晋升有限;竞争力不够,认知和能力不足;孩子不爱学习,教育面临困境等。这些不尽如人意的现实常常让我们焦虑、痛苦、迷茫,为了从这些糟糕的感受中逃离出来,我们选择通过读书学习来改变。

所以,读书并不是为了成为“人上人”,而是希望借助这种主观努力改变现状,从而走出负面情绪,重新体验开心、快乐。

和成为“人上人”相比,我相信,后者可能才是最真实的渴求。因为这个世界上,任何世俗成功,都不及活得快乐珍贵。

一、阅读的起点,是自我满足

爱上读书,是因为兴趣的牵引。书的魅力实在太大了。我从小学三四年级开始,就对阅读产生了很大的兴趣。那时候课外书不多,但我对书的热情不减。教科书上任何有故事的内容,我一定会在新书发下来的第一个下午全部饱读一遍。后来教科书不够读,我就从学校的阅览室借书看,童话书、作文书等就是我快乐的源泉。在我看来,能够安安静静在家里读半天书,就是最幸福快乐的事。所以,喜欢读书,是因为读书让我快乐。

阅读的起点,是为了让自己愉悦,是为了追求精神上的自我满足。尽管曾经的我并不懂得这个道理,只是遵循着本能在读书,但也恰恰说明,人天生就有追逐美好体验的渴求。

工作后开始大量读书，源于隐约担忧回到小城后自己不进则退。在这个社会，生存是需要硬本领的，如果不努力，今后将会逐渐失去竞争资本。读书是我当时能想到的，唯一能让自己以最低成本学习的方式。

为了摆脱当时的担忧、焦虑和恐惧，找到安全感，我开始每天疯狂读书，一天一本书，读完后还勤勤恳恳地码一篇书评。

读书写作让我赋闲在家的那段生活变得充实、快乐又充满希望。后来因为读书成为自由撰稿人，把读书从兴趣变成副业，甚至职业，这些都是意料之外的事。

但无论是学生时期的阅读，还是工作后的阅读，读书于我而言，其实都是为了收获一种内在的满足和快乐。

至于成为“人上人”，这通常都是世俗社会给读书下的定义。在真正喜欢读书的人看来，其实并非如此。

所以，阅读的起点，是愉悦，是让自己获得精神满足，这是最初的源动力。

那么，怎样读书才快乐？

二、读书快乐三宝

虽说读书是为了让自己收获快乐，追求愉快、美好的体验，但生活中也有些人读得很痛苦。其实，读书也需要方法，要想从阅读中收获快乐和满足,读书三宝请收好。

1. 学会读书再读书

我从2017年开始大量读书,但也是那一年才发现,自己在阅读方面问题很大。比如,读的时候倒是很开心,但读后却说不出书上都讲了啥,更别提写文章了,总之对于书中的内容记不住,讲不明白,写不出来……这就是我当时遇到的最大的阅读困境。

后来,我开始有意识地找一些与阅读方法相关的书来看,像《这样读书就够了》《如何阅读一本书》《洋葱阅读法》都是那时候看的。越看越发现自己原来不会读书,过去的阅读方式很有问题!于是,我决定改变过去的阅读习惯,开始学习快速阅读、检视阅读、分析阅读、主题阅读等各种高效阅读法。

践行了一段时间后,发现阅读效率大大提升。读完后,我不仅能够领略要旨,而且还能说出个一二三。有时候,单单从封面和序言就能大概把握一本书的核心内容,捕捉能力明显变强,阅读量也从原来一年不到10本变成了一年不低于100本。

这段阅读经历让我领悟到:任何技能的学习都是有方法的,一定要先掌握方法再来学习,才能事半功倍。读书也一样,学会读书再读书,才能读得更好、更有成效。

2. 读对自己有帮助的书

学以致用式的阅读,是成年人阅读的一种有效正反馈。读书不是为了读而读,是为了用而读。

当你能把书上的方法和知识用到自己生活和工作中时,你会非常快乐,这样读书,你会觉得很有甜头。

我们做任何事情通常都需要正向激励,读书也不例外。试想,当你读书后,工作效率提高了,升职加薪了,被领导夸奖了,会处理人际关系了,教育孩子也更有智慧了,你会不爱读书吗?

不仅不会,而且我相信,你一定会读书上瘾!

我做阅读推广多年,读书营办了好几十期,多数小伙伴都是老学员。他们能够一期又一期地跟着我读书,就是因为他们真正体会到了读书带来的正反馈:读好书,用好书,生活和工作因此变得越来越好!

读对自己有帮助的书,用学以致用的理念来读书,这样读书真的会越读越快乐,越读越上瘾!

3. 读书和写作并行,阅读效率更高

把写作加入进来,是因为单纯读书效率并不高,写作的本质是促使我们开动脑筋思考,而我们的大脑是很懒惰的,能不思考就不思考。事实是,你可能写得一般,但写和不写还是很不一样的。

开始写作后,你就不得不思考怎样读书才不至于让自己的大脑单纯成为别人思想的跑马场。你会将书中看到的内容内化为自己的知识,从而收获自己的成长和快乐。

人生的快乐有很多种,有生理的快乐、精神的快乐等。当你感觉自己变得更聪明、更有思考力的时候,我相信你一定是快乐而满足的,这种快乐是精神的快乐,也是更高级的快乐。

读书的意义究竟是什么?

每个人都有自己的答案,这个答案在我们心里。对于成年人来说,不要随意地把世俗标准当作自己的追求。因为无论你读书的理由是什么,它最终的指向都应该是快乐、愉悦、满足。

大道至简。其实很多事情都没有标准答案。

第二节　26 岁辞职读书，收获太大了

26 岁以前，我还是个迷茫的“北漂”。但在那之后，我的命运悄然改变。一切都是因为读书。

一、我的辞职读书经历

26 岁那年，裸辞了北京的工作，和未婚夫一起回到小城定居，到 8 月份结婚，我在家里读书 5 个月，没有想到的是，就是那 5 个月决定了我此后的 5 年。

当初那个迷茫的远嫁姑娘，竟然在陌生的地方，幸运地为自己的人生打开了新的局面。

一切都是因为读书。

谁能想到，一个小小的兴趣，加上一点点坚持，就能变成事业。这一路，从月入过万的自由撰稿人，到拥有全网百万粉丝的自媒体人，再到影响 5000 多人读书写作的阅读推广人，满打满

算,这条路,也已经走了近 8 年时间。

应该说,我是幸运的,误打误撞中探索到了另一番天地,找到了人生新的可能。需要说明的是,这并不代表大家都要效仿我辞职去读书。

每个人都有自己的人生际遇。辞职读书不是重点,你是否在不断学习,不断提升自己的竞争力,这才是关键。学习永远都是让自己变强的最靠谱的途径。

读书的本质,就是学习。

二、我为何辞职读书

辞职后开始读书,是因为担心回到小城后不进则退。当时的我刚结束“北漂”,深知只有不断学习才能拥有在这个社会生存的能力。

2017 年 3 月开始,斌哥每天上班后,我便在家里读书。那时候主要看 kindle 上的电子书,还有就是参加一些约书群出版社和图书公司免费送的书。那时候,家里人还很好奇,我怎么每天都在买书?我告诉他们,这些书很多都是别人送给我读的,不花钱。

现在想起来,每天都有看不完的免费好书,对于爱读书的人来说,真是一件幸福的事!

这些年来,收到了很多免费赠书,节省下了大笔买书钱。上次收拾书房,还免费送出了好几十本,有不少小伙伴要给我邮费,但是我都没有收,就当是物尽其用,把书送给爱读书的人,也算是最大程度发挥了书的价值。

三、读书让我收获了什么

1. 戒掉了手机瘾,不再浮躁

2017 年以前,我总觉得自己患有手机成瘾症。每天都忍不住刷微信朋友圈,没什么事的时候,我能每隔个三五分钟就刷一次,朋友圈一出现小红点,我就忍不住要点开。

太过于关注外界,带来的负面影响就是太浮躁,静不下心来专注做事。很多时候,看起来也挺努力的,其实都没走心。

令人惊奇的是,自从开始读书后,我发现自己变得沉静、专注了很多。工作的时候,手机网络基本都是关闭状态,朋友圈根本想不起来刷,有时候担心自己错过重要信息,还想着要不要设置一个固定时间来看朋友圈。

那时的我工作变得更加高效,常常感觉自己进入了心流状态,真是非常美好幸福的体验!

2. 持续学习的能力

遗憾的是,大学毕业后,我便几乎没有静下心来学习过。大学四年和工作头三年,虽说也看过些书,但全都是浮光掠影。

真正的看书学习,是从 2016 年开始的。

当时因工作需要,在领导的引导下我开始重视读书,可能读了几十本。2017 年回到小城后,每年的阅读量基本都在 100 本以上。持续阅读使我的理解力、思考力都变得比以前强了不少,虽然毕业多年,但因为一直在读书,学习能力不仅没有因为离开学校而退化,反而得到了明显提升。

我也因此领悟到一个道理:一个人在毕业后能不能过得越来越好,关键在于这个人有没有持续学习并提升自己。

3. 竞争力更强

读书就是学习。对于普通人来说,改变自己最好的方式,就是不停地读书。

回到小城后,这些年都是靠读书写作做自由职业,实现了经济独立,时间自由;成为妈妈后,事业不仅没有受局限,反而发展越来越好。秘诀就是,多年的读书学习增强了我的竞争力。

这几年,通过持续不断地读书、写作、带学员,我不仅练就了阅读能力、写作能力、运营能力、知识传授能力,还学会了做短视频、直播等技能。

曾经的我是个迷茫的职场新人,如今已成为一名轻创业者,在读书创业的方向上不断前进。

4. 更加自信

一个成年人是否自信，归根究底源于对自己是否认可，跟外界无关。当自己做到的事情越多，取得的成就越多，自然就会越自信。

读书5年，我不仅实现了自我价值，成功把读书从兴趣变成事业，还实现了一些社会层面的价值，影响了近万名书友爱上读书写作，并得到他们的认同和追随。

我做的事情，既利己，也利他。我比以前有了更多的自信，也对未来有了更多的底气。

5. 爱的能力

以前的我是不懂爱的。

我不知道怎样才算对一个人好。我以为不争不要、不作不闹，迁就对方，就是对对方好。开始读书后才发现，其实不是这样的。过于善良的人，习惯于为对方考虑，对自己则比较苛责，这样其实很容易自伤。

这样的我，不够爱自己，也并没有真正领会爱的真谛。

爱的能力建立在“自爱+自省+自纠”的基础上，一个人只有先懂得爱自己，肯定自己，并时常反省和自我纠正，才能逐渐成为一个成熟温暖的人。

这些，也都是读书后才意识到的！

6. 更大的眼界

如果没有读书,我可能今天还在某个格子间兢兢业业地打工,而不是自己创业。

读书这几年,我的眼界比以前更开阔了。一方面,读书打开了思维,开阔了眼界,赋予了我力量;另一方面,身处蓬勃发展的自媒体行业,见到了太多普通人靠读书写作逆袭成为“大V”、年入百万的例子。

我开始相信,一个人只要足够努力和坚持,完全有希望按照自己的意愿过一生。

7. 明确了事业方向

“北漂”的时候很迷茫,一方面内心不甘平庸,总想做出点什么;另一方面,在偌大的城市根本找不到存在感,就像一叶浮萍,随风漂荡,不知未来在何方。

直到开始读书,不经意间把读书从兴趣变成了副业、主业、事业,我才慢慢变得笃定。原来,一个人只要对自己的兴趣足够热爱和坚持,就有望把它变成自己赖以生存和发展的事业。

读书的这几年我领悟出一个道理:因兴趣而专业,因专业而自由。这是一个无限可能的时代,只要你愿意比别人付出更多努力,哪怕看起来很不可思议的事,都可能成真!

四、失去了什么

读书5年，如果要论我失去了什么，大概就是，放弃了一份有可能成为“铁饭碗”的工作，放弃了大量娱乐的时间。但这些，和我的收获比起来，又算得了什么？

也许和很多人相比，我觉醒的时间还算早，刚26岁就开始做这件事，并且自始至终从没有放弃。

确实，每个人的觉醒需要契机，并且这样的契机因人而异。如果你现在意识到了读书的重要性，那么当下就是你最年轻的时刻！

读书和不读书，看起来只是一个行为的区别，但长期坚持，却可能带来命运的根本不同。

你又是从什么时候开始读书的？读书给你带来了哪些收获和改变？

第三节 读书写作,让我勇敢面对真实的自己

一位朋友说,她决定放弃公众号日更写作。理由是,内心有很多卡点,有些东西她不想写出来,因为害怕被人看穿。

当时,我心里一怔,有些共鸣,又有一些不认同,只是说了句:写作确实要很真诚。但其实,真诚对很多人来说都是很难的一件事。

为什么?

因为真实、诚恳,就意味着要放弃掩饰,甚至包装,然而很多人都有完美心理,总想在别人面前营造一种自己很强的印象,尤其做 IP 的人。

其实,个人 IP 也是普通人成长起来的,当读者看到一个原本跟自己差不多的人,通过坚持不懈的努力,一点点越来越好之后,反而更容易对 IP 产生信任感,进而想要追随。

这些都是我做 IP 这么多年渐渐领悟到的。个人 IP 就是要做真实的自己,因为个人 IP 就是真实的生命成长样本。

相对来说,在写作方面,我可以做到很真诚。我不仅会写自己的成绩,有时也会血淋淋地剖析自己,甚至不惜自我揭短。

之所以能够这样,是因为我一直认为,读书写作就是一场带领自己实现自我觉察和觉醒的过程。这个过程常常会很痛,因为我们总会发现自己一些做得不那么好的地方,这些不足或缺憾让我们感觉不舒服。

谁痛苦,谁就可能去改变。谁改变了,谁就会成长。

过去,我写过不少反省类文章。曾经有朋友提醒我,不要写那些说自己不够好的文章。我感谢她的建议,知道她是为我好,毕竟,人都喜欢强大、完美的 IP,但我后来发现,根本做不到。

一方面,我的性格本就简单、真实,掩饰或者伪装,甚至说一些言不由衷的话,会让我觉得浑身难受;另一方面,虽然我知道展现好的一面更容易让别人喜欢和认可自己,甚至可以说这是一条人际交往的捷径,但我没想过让所有人都喜欢自己,同频共振即可。

当然,我能够越来越坦然、真实,而且没有什么思想包袱,也与这些年坚持读书写作有关。

读书写作就是最好的“修行”。这些年,我修炼了自己的坚持心、精进心、热爱心,也修炼了自己的真实心,从原本低段位的简单真实,到了高维度的智慧了悟。

说真的,我一点都不怕别人看穿我。如果有人想了解真实的我,我会很高兴。幸运的话,我们还可能成为很好的朋友。

真正的好朋友,不就是既了解对方的优点,也清楚对方的短板,在这种情况下依然愿意一起玩,甚至还能彼此协作、互相赋能吗?

然而这样的勇敢也不是天生的,毕竟谁会真的完全不在乎自己的面子呢?能够卸下所谓的面子,才算真正的强大。

最后我想说,能够无惧无畏地做自己,真是万般自在,一身轻松!

第四节　这三件小事长期做，你也能靠读书写作自由生活

虽然这些年我把读书做成事业有一定的偶然性，但也存在必然性。这个必然源于热爱。读书从一开始就不是为了赚钱，在这件事上，我并没有很多功利心，因为我很确定，无论赚钱还是不赚钱，自己都会读书。

当然，能通过读书赚钱，把它做成事业，这将是我一生的快乐和骄傲。所以这些年，我一直都把读书和事业相结合，也渴望能终生以此为职业。

回顾这些年，我之所以能够靠读书自由生活，主要因为自己长期都在做三件小事。

一、长期阅读，从不会阅读成长为阅读专业人士

几乎每个人都识字，都读过书，年纪不大就已经认识了大量

文字,有了基本的阅读和理解能力,但能成为阅读高手的并不多。

我虽然从小就很爱看书,但直到 2017 年才发现自己只是喜欢阅读,但并不擅长阅读。当意识到这点的时候,我非常痛苦。不擅长阅读导致浪费了太多时间,虽读了不少书,却并没有给我的人生带来真正的改变。

痛定思痛之后,我决心系统研究和学习阅读方法。在读了大量书并不断践行所学后,我逐渐总结出一套自己的阅读写作方法,并开始线上教学。就这样,我成长为一名读书导师,影响了很多同频书友和我一起读书,甚至还出版了自己的书籍。

阅读原本只是一件稀松平常的事情,但长期坚持,并用心钻研,真的可以帮助我们变优秀,它甚至可以成为我们的核心竞争力,让我们凭此立身。一个人的时间花在哪里,成果就会在哪里。

二、长期写作,从害怕写作成长为影响力作家

从决定大量读书开始,我就一直把读书和写作结合着进行。当初写书评,是为了提高读书效率,让我有更多收获。没想到,后来接到了很多书评、拆书稿和讲书稿的写作合作任务。我也就这么走上了边读边写的路。

因为一直坚持读书写作不分家，后来从事线上教学之后，我也把这个理念和方法传授给了学员，很多学员至今都常常向我表示，这一理念方法令他们受益终身。

读书的同时，输出一点心得，无论是2000字的书评，还是300字的笔记，写和不写效果还真不一样。

正因为从2017年开始，我就坚持在读书的同时，持续写书评和读书笔记，后来做撰稿人、自媒体人、写书都很顺，而且受到了很多好评。

《左手阅读，右手写作》出版后，经常被朋友和书粉夸写得不错，这都受益于多年的写作功底。

阅读是写作的根，写作是阅读的果。写作让我不仅仅是一名线上读书会的发起人，还是写作者、自媒体人、作家。这些年，我写了数百万字，全网粉丝累计过百万，并荣获当当网第十届影响力作家。

也许你会说，写作很难。其实，简单写作并非什么高大上的技能。会写字，就能进行简单写作。从学生时代开始，我们就被老师要求写作文，大多数人也都能简单记录自己的想法，然而能通过写作成为作家的人并不多。

真的是因为写作很难吗？并不是。

人人都有希望成为作家，但很少有人愿意在这件事上不断练习和打磨。

有一次上课,老师问了一个问题:"你每天在练习什么?"

从某种程度来讲,一个人是由长期习惯所塑造的。经常抱怨,就意味着每天在练习抱怨;经常生气,就意味着每天在练习生气……每天在练习什么,最终就会得到什么。

那段时间,为了帮助我们调整状态,老师要求每位同学每天都要微笑打卡,即拍一张微笑自拍照发到群里,这就是我们每天的微笑练习作业。

练习微笑,看起来只是微不足道的一件小事,但很多同学长期做这件事后,面部表情越来越喜乐,内心也越来越轻松,整个人的状态都发生了改变。所以,任何一件有意义的稀松平常的小事,如果能做到长期练习,我们都将受益一生。

想要做自媒体、撰稿人或者读书 IP,阅读也好,写作也罢,它们既是基本功,也是核心竞争力。从现在开始学习,长期训练,时间的复利一定会让你惊讶。

三、长期表达,从"社恐"到说话就能赚钱

读书写作这些年,总体来说,我写的更多,说的相对比较少。一方面,由于写作者多数都是独自创作,很少需要与人交流;另一方面,自由职业这一工作方式人际关系相对简单,需要的社会

协作也不多。

但或许是因为长期阅读写作让自己的专业知识和能力有了积累，与此同时，这些年也会做一些直播，经常语音写作和即时分享，这些都锻炼了我的语言表达能力。无论是做直播，还是线下讲课，我现在都可以做到侃侃而谈。

一切能力都是在实践中习得的，表达力也同样如此。对于作者来说，拥有开口表达的能力才能更好地把自己的专业知识和个人魅力呈现出来。

相比以前，我现在有了更多的表达欲，不仅内在放松，而且很愿意表达和互动。当然，这个时代也给我们提供了越来越多表达和分享的机会。

对于我们每个人来说，长期练习阅读、写作、表达，是自我发展需要练就的底层竞争力，也是事业发展必须强化的生存技能。

第五节 我能靠读书自由生活,全因为专注与坚持

曾经有读者问我:"笑薇老师,你是怎么把读书变成自己事业的?"我告诉他,因为我在很长一段时间里都只做读书这一件事。

我们每个人的时间和精力都是有限的。在职场,我们可能是员工、老板;在家里,我们可能是父亲、妻子、子女,每个社会角色都需要我们付出时间和精力,真正留给自己用来提升的时间很有限。所以,专注于一件事,确保自己有足够的时间和精力去深耕,是我们做事有成效的核心秘诀。

一、专注,让做事更有成效

从 2017 年 3 月开始,我就踏上了读书写作之路,当时只是抱着继续学习、不断提升的初心做这件事。在职场摸爬滚打了三

年，我深知学习的重要性。

幸运的是，坚持阅读写作半年后，我便得到了编辑约稿，并在接到约稿后的第二个月，就顺利成为签约作者，从此开启了自由撰稿人的生活。这给了我很大信心，我开始相信，自己可以按照喜欢的方式去生活。

那时，恰逢知识付费发展得如火如荼，很多自媒体平台相继崛起，网络上各种写作课程被宣传得很火爆，我也被这些铺天盖地的广告搅乱了心神。为了探索更多可能，我像很多新人一样报了各种新媒体写作课程，包括育儿稿、人物稿、观点文等的写作。

一番探索下来，一方面，我发现自己读书还不够，观点写不深，虽然发表了一些文章，但远远没有达到自己期望的程度；另一方面，我的关注点不在“娱乐八卦”，很多新媒体文章都需要蹭流量、蹭热点，“娱乐八卦”往往就是最讨巧的方式，但我并不认同这样的写作。

于是我重新调整心态，思考自己为什么要读书写作。我发现，自己的初心是为了不断提升自我，而流量型写作很多都需要关注“娱乐八卦”，这并不是我喜欢的，因为它给自己带来的成长比较有限。

回归初心，既然读书写作是为了自我提升，那就继续读书，围绕读书来输出,这样既读了书,升级了认知,也训练了写作能力。

从那之后,我不再跟风报各种课程,而是继续每天读书,三天内写一篇 3000 字书评,每天分享 3 条左右的读书心得和写作干货。从 2018 年底到 2019 年整年,因为持续在网络输出,我终于积攒了 10 万粉丝,有了一点个人影响力,越来越多的读者私信我,表示想跟我一起读书写作。

2020 年 3 月初,我开设了书评写作私教班,带领新人从零开始学习如何读书,把书本知识内化为自己的东西,并带领他们把读过的书写成书评。

从那时候开始至今,我相继培养了很多大号作者和签约作者,上稿樊登读书、kindle、写出几十万爆款阅读量书评的作者数不胜数,有些因此成功打造了一份副业,还有一些成了自由撰稿人。

同年 9 月,我又开设了笑薇读书营,读书营和书评营目前总共开设了将近 30 期,影响了近 3000 名学员,许多人都是从读书营开始培养了阅读的习惯,甚至爱上了读书。

更重要的是,因为我一直倡导学以致用,读书不是为了读而读,而是为了用而读,他们已经养成了把所学知识用到生活和工作中的好习惯。

2021年11月，我把“笑薇读书”进行品牌升级，更名为“笑薇读书成长学院”，带领更多书友通过阅读写作实现自我成长。

我把读书变成了自己的事业，甚至慢慢带领更多热爱读书并愿意推广读书的学员把读书做成了事业，进而影响越来越多的人同我们一起读书，这和我明确初心，并将未来发展目标锁定在阅读这个领域是分不开的。

可以说，我在阅读上的专注，决定了我能够在阅读领域建立影响力，从而成就了后来的阅读事业。

二、打造影响力的三个要点

回顾自己的成长历程，我发现，从一个零基础小白成为一名职业读书人，成功把读书从兴趣变成副业，甚至职业，需要把握三个要点：

第一，忠于初心。

如果未来你想把读书作为副业，甚至事业，那么就要认真思考一个问题了，那就是你学习读书写作的目的是什么？

有些人开始读书可能源于内部驱动，比如想要提升认知，变得更优秀，但也有人很可能是受他人影响，比如看到别人说读书能赚钱。事实是，很多人刚开始读书都是赚不到钱的。如果你的目的是赚钱，那么最终可能会离钱越来越远。

把初心摆正,从追求自我成长的角度,以自我提升为根基,或者从影响孩子、带动家人学习的角度来读书,这样才更容易持续下去。

读书的本质是学习,而不是赚钱。能靠读书赚钱的人,往往初心都不是赚钱。赚钱永远只是我们深耕一件事后带来的结果。

学员洛洛的书评上稿“樊登读书”后,她非常激动,甚至觉得有点不敢相信,没想到上稿大号的目标真的实现了!

洛洛 2021 年 5 月跟我学了一期书评,但是学完一期后,她没有继续深耕,转而跑去学习来钱更快的流量文写作。

其实,她底子还不错,又有写作热情,只要继续打磨,打好基础,她很有潜力成为一名优秀的书评人。2021 年底,她私信我,表示想继续跟我学习读书写作。原来,流量文写了一段时间后,她发现由于积累太少,功底不扎实,已经到了瓶颈期,整个过程自己的写作能力并没有得到真正提高,只是赚了一点投机的小钱而已,不是长久之路。

后来,她咬咬牙果断报名了我的年度会员,舍弃了其他所有的课程,准备深耕一年的读书写作,目标就是成为一名优秀的书评人。因为不再贪多,每个月就跟着学院的课程安排学习,在扎扎实实跟了四期读书营、一期书评营后,她终于实现了上稿“樊登读书”的小目标。这是洛洛第一次上稿大平台，对于她而言，这是写作之路上一个重要的里程碑。

很多时候，不是我们不努力，而是不专注。人生需要断舍离，学习读书写作更需要断舍离。

想想自己目前最渴望实现的目标是什么？舍弃那些与目标无关的事情，找到自己的核心定位，把时间和精力投入一件事上，把劲儿往一处使，这样你才能离目标更近，从而逐渐成为理想中的自己。

第二，持续稳定地输出。

想要打造影响力，除了明确初心，找准定位，还需要持续不断地在特定领域输出。比如每天在朋友圈分享读书心得，每周写一篇书评，只有坚持长期分享，别人才会对你印象深刻。

从2019年开始，当我明确自己要做阅读推广人，把读书作为最重要的事情后，我便经常有意识地在朋友圈及自媒体分享心得和干货，自媒体账号也一直保持着三天更新一篇3000字书评的节奏。也正是从那时候开始，自媒体全网逐渐积累到了10万粉丝，这为2020年做知识付费，从自媒体作者走向讲师之路奠定了基础。

当然了，持续稳定输出不仅吸引了一批想跟着我一起读书的书友、学员，还因此链接了许许多多的机会。《婚姻与家庭》杂志社的编辑付洋老师看到我分享在某平台的读书心得后,私信邀请我为平台撰稿。后来我有幸在世界读书日专题发表了一篇书评,并成为他们直播间的连线嘉宾,做了一期主题分享,个人影响力再次得到了曝光。

再比如,因为长期分享读书心得,经常有社群邀请我做读书分享;还有一些线下书店邀请我成为合伙人,共同运营书店;甚至就在两年前,以前就职的公司还邀请我为其编辑一份书稿。这都是长期坚持分享带来的机会。

还有一个真实案例。学员乐梦自从跟我读书后,开始每天在朋友圈分享读书心得,休完产假回单位上班,领导非常欣赏她热爱读书、勤奋写作的积极性,为此专门将她从原来的行政部门调到了宣传部门。

从此,她不仅能做自己更喜欢的工作,薪资还更高。

围绕定位持续输出,影响力就会逐渐形成。也许一开始改变的只有自己,但慢慢可能会影响到越来越多的人。

分享是一种美德,坚持分享,利他,也利己。

第三,持续不断地阅读

做一名读书推广人,阅读应该成为自己每天必备的工作或者惯常的生活方式,就像吃饭喝水一样平常。

职业读书人有两大核心能力,第一是阅读能力,第二是写作能力。前面强调了输出的重要性,但输出建立在输入的基础上,没有持续优质的输入,输出就难以为继。

做读书推广人这几年,我几乎每天都在阅读,阅读已经成为我的日常生活方式。只有坚持下日日之功,才能以更高的水平和别人竞争。

阅读能力有时候不仅取决于掌握有效的方法和技巧,更需要我们长期坚持。每天坚持阅读,阅读能力便能得到有效提高。

读书不是为了自我感动,读书就是我们每天的生活。把阅读融入生活,是成为一名职业读书人的基本素养。

第二章

“再思”读书与写作：深度理解与心灵感悟

第一节　读书写作8年，我领悟了它们更深远的意义

有一次做学员回访，我问了很多同学是否有收获，大多数人都给了积极的反馈。

其中学员A的回复令我非常感动，也特别开心。她说，读书写作以来，她学会了真实表达情绪，不再冷漠或是自我压抑，感觉几十年来，自己活得从来没有这么放松过。

其实，学员A跟我分享了很多近来的变化，但上面这句特别触动我。虽然彼此隔着屏幕，但我能感受到另一边她的喜悦与兴奋，而我也因此同频共振。这位学员曾经受到过比较严重的心理创伤，人际交往上有很多阻碍和卡点。

如今她说自己表达欲很强，不仅能够用文字自如地表达内心想法，而且与人交往时能够真实坦然地打开自己。

真实、坦诚、开阔、快乐，这不就是一个身心健康的人理应活

出的美好状态吗?

也许你会觉得这没什么,事实却是生活中能活出这般状态的人并不多。而对于遭受过严重心理创伤的学员A来说,能有这样的状态,需要付出很大的努力和超越自我的勇气。幸运的是,她只用了两三个月的时间就实现了!对此我由衷地为她感到开心!

状态好了,生活和工作才会更好。

我自己这些年又何尝不是受益于读书写作,内心越来越开阔、坦诚、勇敢,也活得越来越快乐。

不开心的时候,我就去做能让自己开心的事情,比如帮助学员答疑解惑,帮助他人让我重新找到自我价值;缺乏动力的时候,我就去看励志类书籍,或者看我的榜样们都在做什么,从他们身上汲取能量;疲劳困倦的时候,我就休息,休息好了又斗志满满;觉得生活枯燥的时候,我就走出家门,到处逛逛,感受人间烟火气息;内心充满负面情绪的时候,我就写下内心冲动感性的想法,然后用理性思维进行驳斥,把自己拉回理性客观的状态,努力让自己恢复平和。所有这些都是通过多年的阅读写作学会的自我调节。

而以前的我,更多时候处于茫然、无所适从、被动、压抑的状态。由于始终找不到解决渠道和出口,所以只能任由自己在低能量状态过着无知而又浑浑噩噩的日子。

现在的自己,内在就好像重新装了一套系统。

人们常说,一个人很难改变,尤其是性格。我也说不清自己的性格到底有没有变,但我的确感觉自己变了很多,而我喜欢这样的改变,也清楚地知道这是读书写作对一个人产生的巨大影响。

让我欣慰的还有学员 B 的反馈。她之前参加过一期成长营的学习,后来又在探索营复训。她告诉我,这段时间读的书是以前的 30 倍,写的文字是以前的 100 倍,从没想过自己那么能写,也从没想过阅读可以这么快。

原本担心既要做两份工作,又要读书学习,兼顾不过来。没想到的是,现在她不仅做到了游刃有余,还能抽空阅读写作,心态变好了很多。让我开心的,不仅仅是她在阅读写作上有质的飞跃,更重要的是,学员 B 的状态比之前更好了,不焦虑、松弛、高效。

有时候我也常常思考,读书写作的意义究竟是什么?

一开始,我只是为了成长提升,让自己保持进步,多学点知识;后来,因为努力和幸运,我尝到了回报的甜头,兴趣竟然还能变成赚钱的事情,我开始有了更大动力;再后来,我通过做自媒体和读书 IP 收获了更多,我兴奋地带着大家赚稿费、做自媒体和个人IP,收到了很多正反馈,并因此进入不知疲倦的奋斗状态……

但现在,我发现读书写作的深远意义在于,收获自我调节的能力,构筑活好人生的智慧系统,建立稳固坚定的内核。

人这一辈子想要活好并不容易,寻常的生活不仅时常充斥着诸多琐碎的烦恼,甚至可能会遭受一些无法预知的意外与波折,能否顺利度过真的是极大的考验。

唯有目标坚定、内心强大、从容淡定者,才可能活出喜悦自在、幸福美好的人生。而这,需要我们终身学习,把读书写作融入生活,让大脑保持思考、清醒、理性、温暖、有爱。

第二节　写作7年，我活得越来越喜悦松弛的三个秘诀

最近这几年，我感觉自己越来越松弛，越来越快乐了。之前的我可不这样，非让自己忙起来才行。一个习惯了做事情，习惯了紧绷着自己的人，突然闲下来，会很不适应。虽然我内心知道，放松下也没什么，可就是很难做到。

现在的我完全可以控制自己的身心状态，可以做到不焦虑、不内耗，自在生活。回顾这段时间我的经历，我发现自己做对了三件事。

一、坚持每天阅读

阅读是我从2017年开始，几乎长年累月都在做的事，已经跟吃饭喝水一样习惯了。但有段时间，不知道为什么，我突然变得看不进去书了，就感觉没什么意思，虽然翻阅了好多书，但都无

法打动我,原本很专注的我突然无法专注阅读。

当时,我还觉得,是不是这些年看的书太多了,我已经不需要阅读了?但很快,我又回归了理性:哪能呢,那么多优秀的人终其一生都在手不释卷,我这才读了几年?

收回内心的浮躁之后,我静下心来阅读,效果好了很多,能坐得住了,遇到实在读不进去的书就大胆舍弃,寻找自己真正喜欢的。

就这么继续读下来后,我再次体会到:阅读,是去除浮躁最好的方式,也是学习最便利的途径。想当初,我还处于蒙昧阶段的时候,是阅读让我真正静下心,踏踏实实地修炼自己的硬实力;如今,当我开始因倦怠或者骄傲又开始浮躁的时候,是阅读让我再次沉下心来精进自己。

阅读一本书就好像认识了一位充满智慧的朋友,这是一件多么不可思议的事情。

阅读的人并不会孤单,因为书中很多有趣的思考和见解能带给我们启迪与力量,而在自媒体时代,结缘一本好书,也常常能让我们有幸认识一位智慧有趣的朋友,只要你愿意,你一定可以找到他们。所以现在,我依然每天阅读,阅读是我的工作,也是我的热爱!

每天都活在热爱里,我怎么能不开心呢?

二、坚持每天写作

从 2017 年开始，我就一直在写作。起初为平台撰稿，后来自己做自媒体账号，再后来写课程交付学员，再到后来写书……

在写作这条路上，我有幸拿到过一些大大小小的成绩，但也曾怀疑写作这件事是否真的适合我。因为我的身体开始不太给力，体力精力比之前差了不少；而长期久坐，腹部和臀部囤积了很多脂肪；长期低头看书敲键盘，我的脖子也越来越“短”。我对自己的身材越来越不满意。

如果一件事情需要牺牲我的健康，那还值得去做吗？长期写作不仅费脑子，而且一定程度上还伤身。不怕大家笑话，那段时间我真的思考过这件事情，甚至我还偷偷看了那些从 2017 年就开始写作的朋友们，我想知道还有多少人在坚持写作。

结果令我有些失望，坚持的人越来越少，甚至原来那几个写作很厉害，已经出了书的朋友都歇下来了。通过观察他们的朋友圈和公众号，发现停笔的原因，也是身体不好，有些吃不消了。所以那段时间，我是有些动摇的，因为长期输出不仅考验毅力，也很考验身体素质。

但我很幸运，这种纠结没过多久就完全消失了，因为很快我又一次感受到了写作的快乐，并越来越享受写作。具体原因，我想大概是那段时间我发起了日更营。而发起日更营则是因为我好长时间没写作,自己手生了,刚好学员也想一起日更,然后就拉了一个群,带着大家一起写。

以前我写文章要么是书评,要么是干货稿,很少写心情随笔,现在因为每天都要写,有时候确实也不知道写啥,那干脆就记录生活好了。结果没想到的是,就是这种随心记录生活琐碎的写作方式,反而让我越写越快乐,越写越松弛,越写越喜欢。

写作,原本就是为我们的大脑和情绪寻找一个释放的出口,不是吗?

当我摆脱了过去写作一定要提供价值(要么提供实用价值,要么提供情绪价值)开始任性地写自己的日常所思、所想、所得之后,我发现自己在写作方面反而更顺畅了!而我,也因为这样自由地写作变得越来越松弛、越来越快乐了!

当然还有另一方面原因,那就是我开始坚持每天锻炼了。每天坚持跑步,让我感觉身体越来越轻盈,精气神也越来越好。当一个人精气神变好之后,内心状态也会越来越愉悦。

三、跟同频的人交流

最近这几年,我还有一个比较大的变化,那就是变得很喜欢跟人聊天。而以前,我并不喜欢闲聊。平时我会主动约一些感觉比较同频的朋友线下见面，也会主动关注同城的活动，甚至还加入了一些同城社群，有感兴趣的活动我就去参加，有朋友邀约，感觉投缘的，我也去见面。包括线下课也是，只要有自己想上的，对成长有帮助的，我就去，因为上线下课不仅可以见到高能量的老师，还能认识到一些优秀的朋友，向他人学习，也是一种提升自我的方式。

有段时间，我先去深圳上了“行动派”的课程，从丁老师、琦琦姐及各位优秀的老师和同学那里收获了很多，回来后，内心的能量比之前明显高了不少；接着又去常州上课，认识了优秀的陈垚老师、佳佳老师、夏添妈，还与我的两个老学员见了面（梦真姐和刘萍姐），也见到了很多“驿马文化”的家人。跟他们愉悦的交流，让我内心生发了很多快乐，他们给了我满心愉悦、松弛的幸福感。

自媒体写作7年，我努力过，拼搏过，也懈怠过，纠结过，但如今，我越来越坚定，也越来越喜悦。我深信它是值得自己长期耕耘的有价值、有意义的事业，也是自己内心真正的热爱。

因为一直在读书、写作、学习，我能够清晰地感受到自己内心的波动，并寻找有效的解决办法，去匹配这种波动所需要的能量。这种自给自足和自我掌控的感觉，也让我生发出松弛、愉悦和满足。

这就是我现在越来越开心满足的秘诀。

第三节 读书写作8年,越来越明白人生所求为何

你想过没,自己究竟想要什么样的人生。很遗憾,我是个晚熟的人。在很长一段时间里,我都没有明确的人生目标。

高中时,我和同桌有过一次对话,不知道是她先问的我,还是我先问的她,只记得对话主题是:你以后想做什么。记得很清楚,当时她坚定地告诉我,自己的梦想是当一名老师。

那肯定的语气、充满信心的眼神,顿时让我内心羞愧,也至今让我记忆犹新。因为和她的坚定相比,彼时的我根本不知道自己今后想做什么。我无法像她那样清晰地说出梦想,只知道当老师并不是我内心的渴望。

后来,她读了师范学校,还没毕业就创业做电商,赚了一些钱,没有当老师,但生活自在富足;而我经历了一些职业探索,后来通过读书找到了方向,在自媒体创业后,因为带了一些学员,

成了她们眼里的“老师”。

虽然我没有成为传统学校的老师，却以更自由、更广阔的方式成为一些人的老师。这个过程中，我也惊讶地发现，自己竟然还挺喜欢分享知识和经验的，那种能帮到别人的感觉，让我觉得很有价值感。

命运就是这么神奇。当然，在探索的过程中，我也经历了一些迷茫、焦虑、彷徨、自我怀疑，但回顾过往，曾经走过的每一步，都有它的意义。

虽然十几二十岁的时候，我并不明确自己想做什么，但内心很清楚，我不想一直待在一个小地方，是一定要往外走的。后来，我去了更大的地方，热切地想看看这个世界究竟是什么样的。

我体验过大城市拥挤不堪的早高峰地铁，人就像拥挤的沙丁鱼，也体验过无须坐班，每天宅家读书码字的自由工作模式；我体验过互联网快节奏的工作氛围，也试水过轻松悠闲，却找不到价值感的工作。

我见过一位20多岁，当时与我同龄的女生，通过自媒体分享成为百万粉丝旅游博主，把热爱“折腾”成了事业；也见过一位40多岁的姐姐，放弃曾经光鲜的媒体工作，重新出发，创办了一家服务于女性成长的品牌，她温柔坚定又有力量。

在25岁之前,我已经看过和体验过丰富多彩的世界,我去了北京、上海,也走了一趟国外。我见过大城市的繁华,看见了很多优秀的存在,更加清晰地知道了自己和这个世界的差距,于是,我终于能真正沉下心来了。

从那之后,我努力平复浮躁的内心,用阅读提升认知,丰富大脑,用写作深化思考,努力让思想不再贫瘠。

那几年,我的人生关键词是:阅读、写作、沉淀。有了那段努力而沉寂的时光,才有了后来的厚积薄发。

从专注阅读写作开始,到如今,收获确实不少。但前些年的努力,现在回过头来看,多少有些年轻人的热血与激情。我明显感觉内心好像总有一股劲儿,那是一种不甘心、不甘平庸,想要做出点什么来证明自己的渴望。虽然后来也收获了一些自己想要的,但自己努力的根本动力,其实源于对自身的不满。

说到底,是不够自信,以及某种匮乏感。显然,这种不自信和匮乏令人难有真正的轻松快乐。但现在,我的能量场变了很多。越来越多的朋友和学员评价我很松弛、快乐、温暖。

这种松弛感究竟是怎么来的?具体我也说不太清楚,可能更多还是一种心境的转换吧!

在我看来,松弛感分为两种:

第一种,可能本身就活得非常松弛。尤其从小在氛围宽松有爱的家庭长大,这种人身上会有更多的松弛感。

那第二种呢,是后天修炼的结果。比如通过读书学习提升认知、境界和心态。这并不容易,它是一个从量变到质变的过程。但我认为,对于大多数普通人来说,这个努力是值得的。当一个人读书越多、写作越久之后,懂得的道理也会更多,内心和眼界会更开阔,能困住他的东西自然会越来越少。

现在的我选择放缓脚步,并认真思考:自己究竟在追求什么。

我希望自己做的事是悦己的,更是利他的,我渴望实现自我价值,也渴望家庭幸福圆满、身体健康。我希望所从事的事业能够服务于自己的人生,不仅能够全方位滋养我,也能给他人带来力量,而不是肤浅的、逐利的、浮躁的、不可持续的。

我希望自己的人生和商业可以完全结合,我希望内心能够更加自在圆满、轻盈富足。

于是,从 33 岁开始,我的人生关键词变成了:松弛、平衡、利他。

我的人生主题是:深耕热爱,传播智慧,给人温暖、爱与力量。人生漫长,我还在探索,如果有幸同频,欢迎一起同行。

第四节 读书写作8年,“逆天改脑”

经常有人问:读书写作究竟给你带来了哪些收获?

这一节,我想从思维的角度再做一些分享。读书写作的本质,是思维训练。读书写作这些年,我收获的不仅是知识、技能和事业,更有思维上的成长。

一、逻辑思维增强,感性思维和理性思维兼具

我是典型的文科生,感性思维偏多。然而长期写作,我的逻辑思维越来越好了。

最开始,我跟很多新手一样,脑子里没框架,容易想哪儿写哪儿。因为没想清楚,写作很容易卡壳,而且后期修改的地方也比较多。自学写作后,才知道要先定思路,然后再写。文章的主题、观点、框架、论述顺序都要先明确,写作才会更加顺畅。

良好的习惯养成之后,我发现写文章变得越来越轻松了。

很多时候,我很享受自己能把一个观点条理清晰地通过文字表达清楚。

以前,我以为写作需要有很多灵感才能动笔,但长期写作的经历告诉我:只要内心有所触动,就可以由一个很小的点展开讨论,随着写作的不断深入,将会有意想不到的发现。

触动往往由感性觉知开始,观点的论述却需要严谨的逻辑思维。真正会写作的人,往往感性思维和理性思维兼具,他们通常既有敏锐的感知力,又有强大的理性思维。

既感性,又理性,这究竟是一颗怎样的大脑?会写作,真的是一件很酷很迷人的事情。

二、写作训练了我的觉察力,点燃了我对生活的热爱

很多人以为写作者整天都埋首书堆,远离尘嚣。事实是,写作本质属于艺术创作,艺术创作往往都源于生活,又高于生活。

我的写作起初源于写读书稿,相比其他写作,已经站在了"巨人"的肩膀上,有很多可以汲取的营养。即便如此,我仍明白,写作如果不能深入生活,只停留在理论层面,是无法打动人的。

因为写作,我养成了对日常生活的洞察和反思习惯。一件事情发生后,我会思考它的前因后果,并努力从中寻找生命的

启示。

每一次提笔,都是对生活的一次深度挖掘。

因为写作,平淡的日常变得更有生趣,而我因为这样长期的脑力训练,发现了生活的诸多可爱之处,不再麻木度日。

真正的创作者,都是生活艺术家。写作跟生活密不可分,只有深入生活、热爱生活的人,才懂得写作,才能写出既有诗意又有烟火气息的作品。这才是创作者最好的状态。

这条路,我还在努力,也希望自己未来能写出更好的作品。

三、思维模式越来越积极,情绪更稳定

因为读书写作,我发现自己的思维模式越来越积极,相比二十几岁时,情绪化少了很多。

一杯牛奶不小心洒了一半,悲观的人会感叹:“真糟糕,浪费了一半!”乐观的人却会说:“还好,还有一半呢!”同样一件事情,大家的反应完全不同。

很多时候,事情本身并无好坏,关键在于如何看待。把关注点放在积极的那一面,自然就会开心一点;相反,看到的都是消极,那么当然很难开心了。

一件事情既然已经发生,如果我们无力改变它,那么不如坦然接受它。

很多人都知道廖智，作为汶川地震的幸运儿，以及《鼓舞》的表演者，廖智在2008年就成了家喻户晓的励志榜样。在此之前，和很多人一样，我对廖智的了解也仅限于这些官方报道。直到后来阅读了她的传记——《感谢生命的美意》，我才真正走近这位美丽、乐观、善良、坚强、有爱的“女神”，并深深地喜欢上了她。因为大地震，刚结婚不久的廖智失去了女儿、双腿，后来又失去了家庭。

对于一个普通人来说，这样的失去是毁灭性的，但廖智不仅没有因此放弃对生的渴望，反而在绝境中迸发出强大的生命力。双腿截掉之后，整个腿部几乎只保留了大腿部分，但廖智依然忍受着巨大的疼痛苦练舞蹈，因为她要给地震中的同胞带去《鼓舞》。

作为一名舞蹈老师，她希望能尽自己最大的努力为大家传递信心与希望，即便这并不是一件容易的事情。

除了地震义演，廖智还做了许许多多的公益。在自己行动不便的情况下，她每周坚持去几十公里外的地方为腿部残疾的孩子们上课，她鼓励孩子们学会用假肢走路，坚强地站立起来。她总是想着为他人、为社会做一些事情，而且始终心怀感恩，廖智乐观、积极的思维方式让我深受触动。

读廖智的书，我觉得她是一个活得很明白通透的人。一个人能够持之以恒地保持善良、保持乐观、保持有趣,支撑她的是智慧的生命底层系统。除了《感谢生命的美意》,还有《活着,像光和盐一样》《走路都想跳舞》也都很好,推荐阅读。

受益于这些年读书写作,我也逐渐摆脱了一些不必要的执念,内心平和,逐渐拥有了自己的稳定内核。现在的我基本可以做到不受无意义的人和事干扰,只专注于真正重要的事情,因此也快乐轻松了很多。

读书写作8年,我重新给自己换了个智慧大脑,好开心!

第三章

能力精进：筑基固本，实战精髓

第一节　你不是迷茫，而是想要太多，又努力不够

最近有一个体会：很多人之所以迷茫，不是努力而不得，而是想要太多，却努力不够。

有渴望、有野心，当然是好事，但没有相匹配的行动和努力，只会让自己越来越迷茫，越来越焦虑。

一、学员案例 1

学员小 Y 是超级会员，2021 年底跟了一期书评营后，又果断报了 2022 年的年度课，但大半年时间过去了，我发现她在训练营跟得并不是太好。打卡有一天没一天，和她同期学习的，很多都上稿了大平台，甚至成为签约作者的也不少。

我问小 Y，平时空余时间多不多，感觉自己学得怎么样。她告诉我，每天下班后平均有 3~4 小时的时间学习。我心想，这个

时间还是比较充裕的。没想到小Y说,她今年报了很多课,最多的时候一个月有七八门!

真是惊到我了!

年初的时候,我就再三告诫年度课学员,不必再报其他课了,学院的课足够他们学习一年,一定要专注,一定要聚焦。然而,还是有些人贪多,总以为报得多,就能学得多。

实际上,多不如精,杂不如专。人的时间和精力是有限的,很难面面俱到,只有把时间和精力聚焦到一个地方,才容易出成果。

针对小Y的情况,我给她的第一个建议,就是断舍离。回顾初心,想想自己最渴望提升哪方面的能力,然后对学习目标做减法,聚焦真正重要的课程就可以了,其他学习目标可以放到下个阶段。

学习是一辈子的事情,再好学,也无法“一网打尽”所有的知识。不必急于一时,做一名终身学习者,一年实现一个大目标就足够了。

像小Y这种,看似好学上进,忙忙碌碌,但因时间和精力太分散,最终不但得不到期望的结果,反而会挫伤学习积极性。很多时候,不是努力不够,也不是学习内容太难,而是我们期望过高,又用错了方法。

不久，我收到了小Y的复盘。她在复盘中进行了认真反思，决心接下来不再东一榔头西一棒槌。我相信，如果她真能做到，那么3~6个月后便会迎来真正的蜕变。

好学是一种很好的品质，但如果学什么都只是三分钟热度，还不如不学。人生需要努力，但更需要持续精准努力，选对方向，长期深耕，才更容易在一个领域出成果。

二、学员案例2

学员小G年初报了读书营年度会员，后来又升级了超级会员，超级会员意味着学院所有的课她都能学，而且除了读书营外，其他课每门还能复训两次。

但前天晚上，当我问她今年都学了哪些课，认认真真跟过的课又有哪些时，小G告诉我，读书营跟了两期，书评营跟了两期，但真正认真跟过的，这两个营都只跟了一期，其他课都没有学……

其实小G的底子还不错，多次优秀笔记颁奖学员中都有她。读书营已经连续办了七期，但她真正只跟了两期而已。

在读书营，相当多的学员都跟了大半年，甚至一年以上的都有。很多新人进来总会感慨，看似小小的读书营，其实卧虎藏龙。原本只是一个最基础的读书营，但在这个读书营，有零基础小白,也有各大平台的签约作者,还有优秀的助教。

如果连这些优秀的小伙伴都选择长期浸泡在读书营,只跟了两期的小 G 即便底子再好,也很难追上其他人。

论努力,小 G 显然比其他人差远了。小 G 现在是一名全职宝妈,她的目标是今后做自媒体,靠自媒体实现自由职业。

要想成为一名靠读书写作生存的自由职业者,不仅需要有过硬的阅读和写作能力,还要具备运营思维,以及超强的自律能力。

我建议小 G 做好三件事:

第一件事,每个月都要来训练营读书打卡,夯实阅读和写作基本功。如果要走读书赚钱这条路,没有基本功,很难走得通。在基本功上花的功夫,少不了的,也没人能帮她做这件事。

第二件事,抓紧时间做自媒体,做一名小红书图文读书博主。如果想走得更远,就不能满足于基础训练,还要给自己树立更长远的目标,努力去做一些突破性的工作。比如做自媒体,去小红书做一名读书博主,通过持续优质的内容输出积攒粉丝,打造影响力。

第三件事,做好时间管理,把读书写作日程化。小 G 是一名宝妈,平时要带孩子,一开始,她担心没有太多时间学习。其实,我自己也是宝妈,也带过很多的宝妈学员。

没有时间就挤时间。比如利用早起的时间写作，利用孩子睡着的时间阅读，利用做家务的时间构思写作思路等。每天抽出1~2小时，长期坚持，一定能看到效果。

只要想学习，想改变，时间是可以挤出来的。越是在困难的时候，越要想办法坚持做对的事情，虽然可能会遇到困难，但这些都不是放弃的理由。

自媒体这条路是普通人逆袭成本最低的途径。几乎不需要资金成本，需要投入最多的，只有我们的时间和精力。

然而时间和精力即便不花在学习提升上，也很可能浪费在其他事情上，比如刷剧、逛淘宝、刷短视频、逛街……与其消耗在无法产生复利的事情上，不如投资自己的大脑，做一些更具长远价值和意义的事情。

三、科学持久地努力，将助你收获成功

每年年中，我一般都会在会员群做一次赋能分享，建议大家做好时间管理和目标管理。每个人的时间和精力都是有限的，我们做不了太多的事情，也无法在每件事上都得到高水平的结果。

赋能分享结束后，我通常也会结合实际情况给自己做减法。我选择把时间和精力聚焦在最重要的事情上，比如写书+服务年

度会员,而不是给自己制定很多目标,妄想短期内实现脱胎换骨,迎来大爆发。

人总是容易高估自己一年内能做到的事,低估五年内能做到的事。我也不例外。尽管我有许多需要做的事情,但是当下,为了把最重要的工作做好,我必须学会舍弃。我们不能什么都想要,却又只在每件事上努力 60 分,之后期望得到 80 分甚至更好的结果。

有时候,成事的秘诀不在于平衡,而在于专注。

努力,专注,我们才有希望成为自己想要成为的人!

第二节　人和人的差距究竟是怎么拉开的

很多因素都会影响一个人的未来，比如家庭背景、出生地域、所接受的基础教育。尽管这些我们无从决定，但在这个充满机遇的时代，我们依然是有选择权的，只要有改变自己的渴望并付诸努力，那么就离理想更近一步。

一、向上成长，建立优势

生活中，我们会发现，有些人特别热衷于参加各种讲座或者沙龙，似乎不参加这些活动，自己就会落后于他人，一旦加上了某个“大咖”的微信，就忍不住沾沾自喜，好像从此“大咖”便是自己的好朋友。

刚毕业的时候，我也有这种倾向。我曾经加入过一个女性创业成长社群，这个社群会定期举办一些交流活动，来参加活动的不少都是已经有自己独立事业的优秀女性，或者已经有了比较成熟的商业想法。

彼时的我,除在她们分享自己精彩的创业经历时为其拍手称赞和暗自艳羡外,无法在那个舞台展现自己的光彩。纵然我们都存在于彼此的朋友圈,但我从来都没有勇气和她们交流,光鲜和闪耀都只属于她们自己,而我则一如既往的默默无闻。

那时的我,不知道共享社群并不意味着身份趋同,向上社交也并不意味着真正向上成长,更不懂得关系的建立某种程度上需要以双方实力的平衡为前提,一旦双方关系出现失衡,实力更弱的那一方便可能被抛弃。半年之后,我就退出了那个社群。当然也可以说,我被那个社群抛弃了。因为在那个不属于我的社群,我根本找不到自己的位置。

这段失败的经历也告诉我:想和比自己更优秀的人产生实质性联系,就必须努力提升自己,让自己不断向上成长。

两年之后,因为写作上取得的一些小成绩,我被邀请加入了很多所谓的优质作者群或者达人群,也认识了很多优秀的朋友。当然,这些并不能算是多么了不起的成就,但至少我已经不需要想方设法地往那些优质的社群里挤了。

二、明确方向,精准努力

很多人之所以努力无效,根本原因在于缺乏明确的方向。没有方向的努力只是一种毫无意义的自我感动，然而，结果并不会陪我们演戏。就像一只充满危机感的蚂蚁，看着周围忙忙碌碌的蚁群，自己也只好跟着手忙脚乱，但最终换来的只不过是一丝“我没有掉队”的安全感，以及“我努力过所以我不弱”的心理暗示。

为了让自己的努力更精准、更有价值，你需要问自己两个问题。

第一个问题：努力的方向正确吗？

前段时间，一位读者向我咨询如何通过写作赚稿费。考虑到她是一位宝妈，有育儿经验，而且市场上亲子文的需求也比较大，所以我建议她往亲子文领域发展。结果过了一段时间，她告诉我，亲子文太难了，想学习写书评，我只好给了她一些相关建议，然后发了一些学习资料给她。心想着她应该努力写书评去了，结果一周之后，她又告诉我自己好像更适合写故事。我只好叮嘱她，要想在写作上取得一定成绩，就不要频繁地更换写作领域，而要找准方向，精准发力。

一万小时定律说明：一个人想要在一个领域取得成绩，至少需要练习一万个小时。大多数人都是普通人，没有那么高的天分，也未必有那么多的时间和精力，这种情况下如果还不懂得把力量往一处使，咬定青山不放松，那么很可能一辈子都庸庸碌碌，一无所成。

第二个问题:努力是否值得?

这里主要涉及收获和投入。收获主要包括学识收获、才能上的长进、获得的愉悦感,以及金钱方面的收入。投入则包括经济投入、体力和精力投入等。理性的人,通常会选择一些收获高于投入的事去做。

比如,明知道下班后刷剧、看电视会很舒服,但他们宁愿把时间花在学习和健身上。不是不喜欢享受,而是他们明白,与其把时间花在毫无意义的消遣上,不如多投资自己,去做一些效益更高的事情,让自己变得更有竞争力。

聪明的你,千万不要只顾着傻傻努力,而要懂得在前进过程中,时刻思考自己是否偏离方向,以及力量是否用对了地方。

三、不沉迷社交网络,提升软实力

现在,很多人都喜欢发朋友圈,甚至有些沉迷于此。吃了一顿美食,拍个照发朋友圈纪念一下;剪了个漂亮的新发型,拍个照发朋友圈;孩子考试得了第一名,拍个照发朋友圈……偶尔发个状态,分享生活的点滴是一种生活情趣,但如果把大量时间浪费在刷朋友圈上,这就有点本末倒置了。

发完朋友圈之后,所有的关注中心都聚焦于那个小红点上,老寻思着谁给自己评论了,谁又给自己点赞了,然后一通回复,不知不觉,一两个小时就过去了,该干的正事一件也没干。频繁地刷朋友圈不仅浪费了大量宝贵的时间,更是一种可怕的自我消耗。

好朋友璐璐在一家互联网公司做运营,虽然平时工作也很忙碌,却是一个很有想法且富有生活情趣的姑娘。她兴趣广泛,喜欢插花,手工也做得出乎意料的好。周末的时候,她要么和一帮朋友在手工坊做各种手工,要么参加一些同城的花艺活动。尽管业余生活过得如此有声有色,她却极少在朋友圈晒图。

前段时间得知,由于出色的插花技术,她所在单位原先被花店外包的插花业务已经被她顺利承包了下来。为了扩大规模,她带着几个朋友组成了一个小团队,专门承接这类花卉业务。不仅如此,她还专门开设了插花课程,并且已经在自己家里成功举行过几次插花沙龙,反响很不错。

真正热爱生活的人,很少把时间花在虚拟世界里,因为他们的现实生活远远比虚拟世界精彩多了。

一个人的时间花在哪里,终究是看得见的。当你握住了时间,很用心地经营生活,时间是不会亏待你的。

如果你不愿意过将就的人生,就从此刻开始改变,不困于过往,努力向憧憬的生活靠拢。

总有一天,阳光会千方百计照进你的生活。

第三节　一个人的自信从根本上说靠的是什么

一个人的自信从根本上说靠的是什么?

生活中,我见过很多真自信的人,也见过不少假自信的人。也许你们会纳闷,自信就是自信,哪里还分什么真自信和假自信?

你别不信,有些自信还真的就是不堪一击的。要么是盲目无知导致,要么是眼界狭窄导致,建立在这种认知不够清晰基础上的自信往往不堪一击。当他们遇到比自己更厉害、条件更优越的人时,他们的自信瞬间就瓦解了。这就是假自信。

这一节主要探讨自信产生的根源。真正的自信是稳固的,不会因为他人的打击和眼光而改变。

那么,自信究竟是如何产生的?我认为主要基于三点。

一、具备硬实力

一个没有什么能力、各方面都不优秀的人,大概率是很难自信起来的。自信不是硬实力，却往往建立在硬实力基础上。

很少看到一个成绩差的人自信，也很少看到职场里的小透明自信，但会看到不少学霸、职场精英很自信，这是因为学霸和职场精英具备普通人不具备的硬实力。别人不会做的题他会，别人解决不了的问题，他能搞定，自信也就因此产生了。所以，自信不是空穴来风，而是附着在硬实力之上的。

对于普通人来说，要想变得自信，老老实实学习硬本领，努力学习知识和技能更靠谱。

如果你是一个学生，当下最应该做的事就是好好学习，好好学习并不单纯为了考个好分数，也是为了在同伴中建立自信，证明你不比别人差。作为一个职场新人，努力工作，提升能力，也不单纯为了多赚点钱，除了赚钱，也为了能在职场建立自己的立足之地。这是生存之本，更是自信之源。

那么，拥有了硬实力是不是就自信了？不一定，还需要他人的认可。

二、他人的认可

我们经常看到有些人能力很强，在校期间学习好，进入社会后工作也不错，但就是不自信。这很可能是因为他得到的认可太少，或者他可能从小成长在一个严苛的环境中。

我有一个学员特别优秀,从小品学兼优,十几年前曾考上北大,但最后居然中途弃学了。在一次分享中,我得以了解了她的经历。原来,幼年时期,她的妈妈对她要求特别高,考试拿第一,很少得到夸奖;没有考到第一,等待的只有数落和批评。久而久之,导致她即便很优秀,也很难自信起来。

带着这种逆反心理高考,虽然考上了北大,但最后她却拒绝上北大。因为在她看来,上北大并不是她的目标,只不过是为了反击母亲:“看,凭实力,我能考上北大,但我偏不上!”因为从小得不到肯定,即便她聪明优秀,干啥成啥,学啥也都有模有样的,但本质上一直都不自信,甚至还陷入过严重的抑郁。

如果一个人的优秀不被看见、不被认可,尤其得不到亲近的人的欣赏,那么他内心的自信依然很难建立起来。也许在别人看来什么都好,但他的内心却是沮丧而匮乏的。

自信是一种特别神奇的东西,看不见、摸不着,没有不行,多了不行,少了也不行,但它却是生命的活力之源。

那么,是不是有了硬实力,有了他人的肯定,就能变得自信呢?

三、人格平等

还有一种情况,有些人各方面条件都很好,也得到过不少人的肯定，但在某些方面依然很不自信。比如有些人在恋爱中表现得特别不自信，甚至因为自卑而放低自己，无条件地去讨好对方。这又是为什么呢？

相信很多女生都读过《傲慢与偏见》，这本书甚至被称为婚恋教科书，即便已经诞生两百多年，但书里倡导的爱情观一点都不过时。女主伊丽莎白出生于乡绅之家，小康家庭，容貌中上。男主达西出生于贵族之家，有钱有势，高大英俊。

在两百多年前的英国，出身定终身，这样的两个人是不般配的，姑娘嫁人不仅仅看性格品行，更重要的是得富有。很显然，伊丽莎白并不富有，按照那个时代的标准，她并不具备嫁入“豪门”的优势。

但从下面这两件事能看得出，她是一个真正自信、活得底气十足的姑娘。

第一件事，就是坚决不接受“高富帅”达西的示爱。有一次，达西向伊丽莎白表白，虽然这个“高富帅”的求爱也算得上真挚热烈，但言语中流露出的优越感让自尊心特别强的伊丽莎白无法接受，几乎是想都没想就坚决拒绝了。这让傲慢的富家公子绝对没想到，毕竟他出身高贵，品德、才能也出类拔萃，压根儿没想过当自己向姑娘示爱竟然会被惨痛拒绝！

那么伊丽莎白为何能毫不留情地拒绝达西呢？

在那个姑娘们都盼望着通过婚姻投胎的年代,有这样一位富家公子向自己求婚,那是求之不得的事,她一个出身乡绅之家的姑娘竟然拒绝了!这是因为伊丽莎白是一个很自信的姑娘,她并不因达西比自己富有、出身好就自卑,更不会因为有这样一个"高富帅"向自己求爱而昏了头。甚至一开始,她对这个"高富帅"根本没好感,不为别的,就因为她看不惯这个富家公子因为家里有点钱就高冷傲慢得不行。

还有一件事也能看出伊丽莎白的自信:坚决拒绝凯瑟琳的劝退!

随着两人对彼此了解的增多,伊丽莎白得知真正的达西并非自己以为的纨绔子弟,在"高富帅"强大的攻势和魅力影响下,伊丽莎白爱上了达西。然而,达西的姨妈凯瑟琳却认为,伊丽莎白配不上自己的外甥。为了阻碍两人在一起,凯瑟琳专门去了伊丽莎白家,毫不留情地告诉她:"你这样出身低贱、家里围着的全是一群穷亲戚的丫头,哪里配得上我高贵的外甥?别再痴心妄想了!如果你识相一点,就不应该逃离你成长的那个圈子。"

接下来伊丽莎白说的那番话真是大快人心:"我不认为和你外甥结婚就是背弃我的出身,他是一位绅士,我则是一位绅士的女儿,因此我们门当户对。""不管我的亲戚怎么样,只要你外甥不嫌弃他们就行,他们和你没有任何关系。"

凯瑟琳见说不过伊丽莎白,就逼着她就范,伊丽莎白依然不卑不亢:“我不答应,这种不合理的事情,你休想让我答应。你老人家想让达西娶你的女儿,可我对你做了许诺,就能增加他们结婚的可能性吗?如果他对我有好感,我拒绝和他交往,就能让他把感情转向表妹吗?凯瑟琳夫人,请原谅我这样说,你的这个要求不仅毫无道理,而且无聊透顶。如果你认为我会被这些劝服的话,那就大错特错了。我不知道你的外甥有多么赞成你干涉他的事情,但我知道你没有权力干涉我的事情,因此希望你不要再提此事。”

当我读到这些铿锵有力的话时,内心忍不住为如此有胆有识的女子默默点赞。两百多年前,姑娘们都依附于父兄和家庭生活,就连个人独立性都妄谈,也没有学历和工作,面对如此强大的压力,伊丽莎白为何能如此不卑不亢、自信爆棚?

读完《傲慢与偏见》,其实我并未深思女主强大自信的根源,直到在翻阅另外一本书时才找到了答案。

黄西的脱口秀节目里面有个观点简直一语中的:男女关系中最重要的是平等。黄西认为,平等在男女关系中尤为重要,没有平等,就不会有真正幸福的婚恋。这让我突然意识到,伊丽莎白的自信正是源于她笃信每个人无论家境、出身、财富如何,在人格上都是平等的。

在这样的价值观影响下,她能够充分肯定自己的价值,始终把自己和达西、凯瑟琳等人放在同等位置,并不会因为财富多寡、地位尊卑、气势强弱就唯唯诺诺、卑躬屈膝。

但这种平等并不是别人给的,而是我们自己给的。它不建立在外观条件上,也无须他人认可,而是基于我们笃信自己是一个有人格、有思想的独立个体,我们有资格爱那些比我们条件更好的人,也值得被那些比我们条件更好的人去爱。或许,这才是一个人真正自信、内心强大的根源。

第四节　焦虑、浮躁，沉不下心学习怎么办

你有没有发现，我们好像越来越沉不下心来学习了？

我们生活在一个信息无比发达的时代，也生活在一个注意力无比稀缺的时代。每天，各种应用都在向我们推送五花八门的文章、短视频及各类直播。这些碎片化内容为我们提供了了解这个世界的窗口，但也让我们变得越来越浮躁，快速滑屏的同时，注意力越来越分散。我们静不下心来做任何与学习相关的事情，比如看一本书、听一门课、写一篇文章……

以前的我，也是这样。每天频繁刷手机，阅读各种公号文章，朋友圈里的小红点不点开，心里就难受。手机成瘾的我焦虑、迷茫、心态浮躁，除了日常工作，业余时间，我几乎静不下心来做一件事。

直到后来我开始看书，一头扎进了书的海洋……“北漂”回到小城，因为要筹备婚礼，我没有着急找工作。那段时间，除了

忙结婚的事,其余时间我全部用来看书。几乎是每天一本书的节奏,我看了一本又一本,写了一篇又一篇书评,神奇的是,我发现自己变得比以前专注多了!

从那以后,我不再经常看手机,它不再是我内心空虚的寄托,也不再是我打发时光的唯一方式,充其量,不过是方便我与外界保持沟通的工具,仅此而已。我开始专注于自身的成长,朋友圈于我变成了浮云。

那一年,我阅读了近百本书,写了近十万字,成了签约撰稿人,靠撰稿月入过万。与之前相比,我的生活变得充实而有希望,我的内心变得平静,我的头脑变得清醒、智慧。

如果现在的你和曾经的我一样沉不下心做事,那么建议你尝试做以下四件事:

1. 每天留出一小时读书

从现在开始,每天至少确保一小时的阅读时间。文字能让人变得沉静,拿起书本,仿佛沉浸在另一个世界。在书里,你能获得放松、愉悦、美感及认知升级……阅读也是有正循环的,当你体会到阅读带来的宁静、美好,你会更加喜欢读书。

前期习惯养成非常重要,建议每天至少留出一小时读书。如果不知道读什么书,建议先从轻松些的书籍开始,比如小说、励志书、传记、散文等。

阅读的起点，是愉悦。爱上读书，多读书，才能真正品味到读书之美、之乐……

2. 读书前，请一定关闭手机网络

对于没有阅读习惯、专注力容易受干扰的小伙伴来说，一定要坚决切断干扰源。

我之所以能从一个手机成瘾症患者，变得后来都记不起刷手机，就是从关闭手机网络开始的。手机上每天各种各样的消息，还有各种应用的推送，其实绝大部分都没有那么重要。如果担心别人有要事找你，可以在微信备注说明，比如“每天中午 12 点、晚上 8 点看手机，其余时间看书学习”，这样集中时间处理消息，你的时间才不会被分割成无尽的碎片。

应用推送的文章，更不是必须看的，大多数只是我们打发时间的闲暇阅读，茶余饭后看一看就可以了，千万不要投入太多时间和精力。沉下心其实也没有那么难，当你做到读书前关闭网络，我相信你已经实现了一半。

3. 每天写 500 字读书笔记

读完书千万不要把书扔一边就算完事了，这样读书效率很低。每次读完书，都要记录自己的读书心得，比如读了哪些书，书上有哪些观点或内容触动了自己，你是如何理解的，又想到了什么等。

坚持写阅读笔记,一段时间后,你会明显感觉自己的理解能力变得更好,而且读过的书很多内容都记得。更重要的是,你会发现自己的感知力和思考力变得更敏锐,也就是说,大脑变得更聪明了。

作为一个长年写作的人,我还要告诉你一个秘密:写作具有疗愈功能,有助于帮助我们平复焦躁、变得理性。如果你发现自己经常沉不下心来,不妨就从读书写作开始,坚持一段时间,你会发现内心逐渐变得平静。读书写作,本质上是在重塑大脑和思维。

做任何一件事,有了正反馈才能更好地坚持。写作就是为了帮助你通过阅读获得更多正反馈。写作只有和读书搭配进行,才会事半功倍。

4. 结交热爱读书、积极上进的朋友

他律可以促成自律。自律不够,不知道如何改变自己,那就先改变环境。进入一个对的地方,你才有可能成为对的人。如果你发现自己一个人看书还是沉不下心,不妨去结交一群热爱读书的朋友。当你身边都是每天坚持读书的人时,大概率你也会受到影响。

人和人之间的能量会互相感染。

我做阅读推广以来发现,其实不少小伙伴在刚开始读书时多多少少都有些不自信。毕竟对于一个多年不读书,且经常被工作和家庭各种事情缠身的成年人来说,沉下心来读书,并不是一件容易的事。但是,当他们选择和一群同样喜欢读书的人在一起后,他们不仅爱上了读书,而且还一起读了很久。他们中相当多的小伙伴读了 1 年以上,每个月的阅读量都不低于 3 本。

一个叫书眉的小伙伴分享道,以前的她遇事容易急躁,喜欢抱怨,现在则变得平和了许多,不再容易因为外界影响自己的心情和做事节奏;以前做错事喜欢找借口,现在直接承认问题,有了担当的底气。

读书重塑了她的思维方式,帮助她从固定型思维转换到了成长型思维。更重要的是,她收获了内心的安定、平和及幸福,50 岁活出了最好的生命状态。如今,书眉已经跟着大部队读了很长时间,她受益颇多,感触颇深,未来还将继续和我们一起读书,也会发动更多的小伙伴加入进来。

阅读,是一桩赏心乐事。但独乐乐,不如众乐乐。和志同道合的人在一起,同样一本书,我们能读出千百种味道,任外面如何喧嚣浮躁,我们自有一方静谧。

沉下心来,生活自会对你和颜悦色。

第五节 他律帮你轻松变优秀

自律有助于人收获进步和成就。如何才能提升自律能力呢？其实,自律并非只能通过自身修炼来获得,甚至很多时候,自律是通过他律来实现的。这是因为,人是环境的产物,不可避免地会受到环境的影响。当周围是一个充满自律的环境时,想不自律都很难。

一、人性天然渴望变优秀,却又好逸恶劳

我的早起经历始于2019年。我一直都认为,这是近年来除读书写作之外我做过的最正确的一个决定。其实,曾经的我从没有想过要成为一个早起的人,而且内心是很抗拒早起的。那些提倡早起的人,在我看来,他们都是勤奋的表演者而已。

早起的人和不早起的人是两个世界的人,很难做到彼此理解。如今,我已经持续早起多年,而且我非常享受早起的每一

天。每天5点甚至4点半起床，就是我过好每一天的开始。

那么，从一个拒绝早起的人变成一个热爱早起的人，我究竟是怎么做到的呢？

最初早起，是从2019年11月1日那天开始的。当时刚生完孩子两个月，我的收入主要是自媒体+撰稿，但是生娃的那段时间，因为停更导致收入变得非常不稳定。焦虑之下，我开始寻求办法改变现状。宝妈的时间都很紧张，思来想去，最后决定早起，这是我唯一能想到的，能够利用完整时间看一本书、写一篇文章的办法。

从早上8点起床改为5点，我坚持了一个月，后来因为各种原因，早起中断了，直到读了张萌的《人生效率手册》。张萌讲到自己之所以比同龄人成长更快，是因为她有一个法宝：早起。就是这本书重新帮我坚定了早起的决心，也让我找到了很多有助于帮助自己养成早起习惯的小技巧。比如建立早起社群，通过带动他人早起促使自己早起。

读完那本书的第一天，我立马践行了萌姐讲到的社群早起法，也就是让自己成为早起发起人。我制订了一个21天早起计划，在此基础上组织了早起活动，没想到三天时间就吸引了100多人报名，一期活动下来，不仅自己养成了早起的好习惯，社群里不少小伙伴也养成了早起的习惯。

原本对我来说很难、很痛苦的一件事,竟然借助社群的力量实现了。

现在回顾这件事,通过发起早起社群、担任早起发起人来早起,本质上就是通过他律来带动自律。

成立早起社群后,每天早上,当看到一个个小伙伴 5 点就开始在社群打卡问好时,都会被他们所影响和感染,即便想偷懒,也会不好意思。正是外部环境的监督、他人的鼓舞,最终促使我克服了自身的惰性,养成了让自己受益一生的好习惯。

人性的弱点是好逸恶劳。承认人性的弱点,然后巧妙借助外界力量改变自己也是一种方法,而且效果可能也不差。

当我们想做一些改变时,不妨考虑一下改变我们所处的环境,这也许是更快捷的方式。

环境是我们生活的背景,环境无时无刻不在影响着我们。让自己进入一个有助于改变的环境里,也许改变会更容易。

二、真正的聪明人不与人性的弱点做正面对抗

做阅读推广以来,经常有小伙伴说,很想读书,但又担心自己坚持不下来。事实是,当他们下定决心并跟着大部队读书打卡后,原先担心坚持不下来的小伙伴中,有很多不仅做到了全勤打卡,还成了优秀学员。如今,很多小伙伴已经在读书营泡了很

长时间。

读书打卡说来只是件小事，但能在每天生活、工作之外，一期又一期地完成，真的已经很厉害了。这个世界上，能自我改变的人最厉害。而能借助其他力量渐渐改变自我的人不仅厉害，而且有智慧。

要想改变自己，除了正确的方法和刻意练习，我们还可以借助外力，比如加入有助于改变的圈子，这样会事半功倍。

世人往往是慕强的，当我们看到比自己更自律、更坚韧、更有意志力、更有成就的人时，往往会很羡慕，甚至渴望自己也能变成那样，然而很多人内心力量是不足的，这种能量的匮乏常常导致他们一事无成。聪明的人懂得，与其一个人默默与人性的弱点做正面对抗，不如加入一个富有正能量的圈子。

如果你想读书，但常常坚持不下去，找不到有效的方法，没有人指引，不妨加入一个爱读书的圈子。在这个志同道合的圈子里，你不是一个人孤独、痛苦、迷茫地读书，而是和一群人真正享受阅读的愉悦、快乐。

第六节 人和人之间的差距,取决于如何利用碎片化时间

在给年度会员做一对一咨询时,我发现了一个问题:很多人不懂得高效利用时间。换句话说,他们的时间利用率有点低。时间有多宝贵、多稀缺,小孩子可能不懂,但成年人应该都深有体会。

时间不可倒流,过完一天少一天,过完一小时少一小时。然而,我们每天需要处理和完成的事情常常是一箩筐,这使得我们恨不得长个三头六臂,再向老天多要24小时!

每个人每天都只有24小时,但为什么有的人成长迅速,有的人却总在原地踏步?

抛开家庭背景、社会资源及天赋方面的因素,我认为,决定我们成长速度的关键在于如何利用碎片化时间。谁重视、利用好了碎片化时间,谁就能更向前一步。

一、碎片化时间是最容易被浪费的时间

所谓碎片化时间,其实是相对整段时间而言的。比如取快递、接送孩子上下学、走路、乘车、等人……这些时间都属于碎片

化时间。在很多人的印象中,碎片化时间是低价值或者无价值的。

事实真是这样吗?

想一想,其实每个人每天都有大量的碎片化时间。除了睡觉的8小时,其余16个小时都会受到各种各样的干扰,时间被干扰,因而产生了大量碎片化时间。即便日常工作的黄金8小时也不得已经常被外界各种分割,比如一些无意义的会议、拜访等。

一个人身份越多,工作越忙,他的时间越容易被碎片化。

举个例子,一个全职妈妈上班要应付各种工作任务,回家还要照顾孩子做家务,这种情况下,如果还想学习提升,比如读书写作,或者学习一门外语,那就只能想办法利用碎片化时间了,比如通勤时间、孩子睡着的时间。这段时间不利用其实也会浪费。我就见过一些特别好学勤奋的宝妈利用怀孕带娃的时间考下了专业证书,还有些甚至读了个硕士,而我自己也是在怀孕期间开始做自媒体,一年积攒了10万粉丝的,它为后面做训练营奠定了基础。

人和人的成长差距,往往就在这些不经意的碎片化时间中悄然拉开。

有人把日常这些不经意的碎片化时间称为“暗时间”,我觉得非常贴切,正因为这些时间的价值常常被人们习惯性忽视,所以造成了大量时间的浪费。

对于成年人来说,时间被碎片化是常态,拥有大段的完整时间反而是一件很奢侈的事。接受现实,珍惜碎片化时间,利用好碎片化时间,这样我们的时间利用率才会更高。

二、利用好碎片化时间的秘诀:合理调配

在很多人的认知里,似乎完整时间才有价值。其实,任何时间都有价值,整段时间有整段时间的价值,碎片化时间也有碎片化时间的价值,关键在于要把不同类型的时间进行合理安排。

比如,出门的时候,只要有两小时以上,我都会在包里放一本书。乘车的时间、等人的时间,我都会把书拿出来读,利用这些碎片化时间,我一周能读完 2~3 本书。比如,我会在陪孩子上课外班的间隙回复社群消息、点评学员作业、联系合作平台,充分利用这段时间处理细碎繁杂的工作。再比如,洗衣服的时候,我会听一些音频节目,了解最新新闻,平时没时间听的内容,都可以利用这些时间来学习。这几年,由于做的工作确实比较多,我也因此成了一个把碎片化时间利用到极致的人。

要想提高碎片化时间利用率,我们还可以把需要动脑子的任务和不需要动脑子的任务并行处理。不知道大家有没有发

现,生活中,很多事情并不会消耗太多脑力,比如洗脸刷牙、跑步拉伸等。这时候,我们就可以把需要动脑子的任务和不需要动脑子的任务结合在一起同时进行。

举个例子,我是个自媒体作者,经常有各种各样的写作工作,这些工作非常耗时费力,不仅需要想主题,还要找素材,成文后还要一遍遍打磨修改。一篇 3000 字左右的优质原创稿,如果只用完整时间,怎么也要四五个小时。但如果每篇文章都要花这么多时间,我的写作速度势必无法满足如此多的任务。

为了提高写作效率,我是这么做的:在写一篇文章之前,利用碎片化时间构思主题和思路。比如,我会在洗衣服或者散步的时候,回忆最近看的书或者跟朋友的聊天内容,想想有哪些有意思的点,在此基础上确定主题,之后再构思大纲,思考哪些内容可以作为素材。

当主题和大纲都明确之后,我会用手机快速记录下来。为了避免遗忘,我通常会在第二天上午一口气完成初稿,耗时 1 小时左右,修改则放在当天下午或者隔天,一般也是 1 小时,最多 2 小时。这样下来,3000 字的文章 2~3 个小时的完整时间就能全部搞定。上午如果有 3~4 小时的写作时间,我通常能完成两篇初稿。

再比如,我会充分利用跑步时间。我经常去健身房跑步,之所以去健身房跑步,主要有两个好处:一方面,跑步的时候,边跑边刷平时没时间看的电影、电视剧,有助于自己更好地坚持,我是一个很不喜欢跑步的人,但通过这种方式,每次都能轻轻松松跑一个小时;另一方面,对于内容创作者来说,看电视也是输入,有输入才能有输出,看电视的时候,可以根据剧情思考素材和主题,算是一举多得。

关于碎片化时间的利用,最核心的其实有两点:

第一,纠正对碎片化时间的认识。碎片化时间很容易被浪费,但碎片化时间也是时间,重视碎片化时间,用碎片化时间处理碎片化工作,是正确利用碎片化时间的核心。

第二,随时随地思考。碎片化时间意味着时间不固定,空间不固定,利用碎片化时间随时随地思考,时间利用率会更高。

对于知识工作者来说,决定工作成果的并非工作时长,而是时间利用率。真正需要正襟危坐对着电脑敲字才能完成的工作并没有那么多,很多工作都可以利用碎片化时间来完成,但需要我们养成一个习惯——随时随地思考。

看了一本书,书上讲了什么?打算要写一篇文章,怎么写?要采访一个嘉宾,应该问哪些问题?近期要列选题,应该做哪些?周一要开一个会,会议的主题是什么?我需要做哪些准备工作?等等。

很多工作都是无形的,仅在我们大脑里就能完成。这些工作不需要特定的时间和空间,但需要我们保持大脑的运转。学会随时随地多思考,多用自己的脑子,不仅能让我们变得更聪明,还会让我们变得更有成效。

一个人光勤奋还不够,还要做一个可怕(高效)的勤奋者。

所谓可怕的勤奋者,不仅要行动上勤奋,更重要的是思考勤奋,也就是习惯性地让自己的大脑保持运转。

愿你我都能成为可怕的勤奋者,过倍速成长的人生,超越同龄人!

第七节 真正厉害的人,都是能量管理高手

有一部根据路遥的中篇小说翻拍的电视剧叫《人生之路》,这部剧富有哲理。剧中女主刘巧珍积极乐观、充满热情,是一个充满正能量的角色,受到了很多人的喜欢。

被自己深爱的男主高加林抛弃后,巧珍并没有因此自我否定,伤心难过了一段时间后,巧珍嫁给了老相识马栓。然而,婚后一路坎坷,先是女儿被诊断患上了先天性心脏病,为了给女儿治病,两口子千里迢迢从陕西奔波到了上海,结果不曾想,马栓意外遭遇车祸。即便厄运连连,巧珍也没有自暴自弃,而是在逆境中积极乐观、勇敢坚强地活着。

巧珍的妹妹巧玲恰恰相反,高考落榜后,她说得最多的一句话就是“我怎么这么命苦”或者拉着姐姐一起自怨自艾,“咱们姐妹俩实在是太命苦了……”

原本一母同胞的亲姐妹,一个正能量爆棚,一个负能量满

身。结果,姐妹两人的命运发展也大相径庭。

姐姐巧珍靠着自己的努力在上海开面馆、承包食堂、办公司,一路风雨无阻,积极向前,而妹妹巧玲在落榜后,认命嫁给了自己并不喜欢的村主任家的三儿子周三星,从此在不幸婚姻的泥潭中越陷越深,直到姐姐拼命把她从痛苦中拽出来,她的人生才有了一些转机。

可见,正能量越高的人,越容易被好运光顾,也更容易成功。

那么,怎样才能成为富有高能量的人呢?答案是:学会积极暗示。

举个例子,如果你想变得自信,就可以暗示自己:“我很自信”“我才能出众”或者“我很能干”“我做事果断”等。

在进行积极暗示时,有三个小提醒:

第一,句子一定要简单有力,不要太长,也不要模棱两可。比如,“我具有××领域丰富的知识和经验积累,我一定能成为一个优秀的知识博主”或者“我对××领域兴趣浓厚,我一定能成为××领域的知识博主”,而不要说“我具备某个领域的知识,我应该能成为一个优秀的知识类博主”。

第二,暗示语要有可行性,即暗示语的选择要考虑是否符合自己的实际情况,是否通过努力就可以做到。如果无法通过自己的努力做到,或者外部环境根本不允许的事情,就不要暗示。

另外,暗示时,最好暗示自己的近期目标,先完成最近的目标,再暗示下一个目标。

第三,调动想象,增强动力,并坚持 21 天。自我暗示语确定后,要用想象力去配合,想象自己成功后的画面和心情,这样会更有动力。另外,要坚持每天早晚各一次,连续 21 天,直到养成积极暗示的习惯为止。

比如,你可以想象自己成为年入十万元的知识博主后的画面,想到自己可以去想去的地方旅游,吃美食,这样的画面是不是很幸福?

总之,你的近期目标是什么,就可以暗示自己什么;你想在哪方面获得成功,就在哪方面暗示自己。

积极的暗示能帮助我们产生积极的心态,积极的心态有助于我们发挥潜能,助力我们成功、快乐和健康。

很多人以为能力就是能量。其实,能力不等于能量,能量虽然看不见,摸不着,却真实存在。

普通人为什么要努力提升自己的能量呢?

我想大概因为大多数人都是普通人,没有极高的智商,也很难通过后天努力提高智商,但能量的后天可塑性却很高,我们可以通过自身努力成为一个高能量的人,这样的状态更有助于我们到达成功的彼岸。

第四章

能力精进：思维飞跃，智略革新

第一节　30岁必须明白的道理：做对选择，人生才会走上坡路

前段时间，一位老学员向我倾诉了她的苦恼：为了写剧评赚钱，她每天都会花很多时间刷剧，结果在自己的“影响”下，孩子也爱上了看电视。

原本她选择做一名全职妈妈，是为了更好地陪伴孩子成长，结果为了发展副业赚点小钱，却因小失大，无意中给孩子做了不好的榜样。她为此后悔不迭，希望我能给她一些方向。

成年人选择方向一定要奔着长远价值考虑。

作为妈妈来说，首选一定是对自己的成长和孩子的成长都有帮助的赛道，只有这样的方向才更容易持续下去，进而使自己受益。

结合这位老学员的过往积累和未来发展，我建议她做传统文化育儿赛道。找到方向后，她由衷地告诉我自己非常高兴，长

期萦绕在头上的迷雾终于消散了。

之前读过董佳韵的一本书,叫《跨界成长》,这本书就讲到:为了自己的长远和稳定发展,要尽量选择赋能型事业。

那么什么是赋能型事业呢?赋能型事业包含两个层次:

一、你能够为他人赋能

为他人赋能可以理解为,你能够帮助他人成长,实现目标和梦想,或者减轻痛苦,渡过难关。这些都是你的价值所在。

我从2020年开始做阅读写作推广,带书友们读书写作,孵化了很多优秀的书评人、读书博主,以及各个平台的签约作者,通过读书写作收获家庭幸福、赋能主业发展的更是不计其数。之后我们又一起践行个人IP理念和模式,越来越多的小伙伴开启了咨询、付费社群、课程等工作,从一名小白和普通作者逐渐探索到了一种更加可持续的个人商业模式。

那段时间,学员陶陶的青鱼共读陪伴营短时间内便招到了近十名付费学员,获利远超四位数。此前,陶陶还没有走出撰稿获利的基础模式。在我们的共同探索下,她已然开启了自己的轻创业之路,创立了自己的个人品牌。

每天做着自己热爱的事情,把兴趣变成了事业,陶陶为此感到非常有成就感。只要能不断坚持、努力和学习,我相信她能把读书成长这个事业做很久。

还有在体制内工作了30年、如今已经退休的小琴,在公众号持续输出职场干货两个月后便接到了付费咨询,实现了知识和经验获利,不仅赚到了钱,更赚到了尊重与成就感。

一个人之所以能在一个领域做长久,支撑她的,往往是成就感和责任感。工作从来不只是为了谋生,更重要的是可以实现自我价值。自己做的事情能够成就他人,这样的工作特别有意义,值得我们长期去做。

我从事读书赛道多年,前面3年都是自己独自读书码字,后几年才开始把原本一件非常个人的事情,变成了一项赋能他人的事业,带同频人成长进步,而我也因此收获了满满的成就感。

二、这件事能为你赋能

如果做一件事能够让你得到成长,收入变多,有成就感,心情愉悦,或者能交到很多新朋友,这件事情就是可以给自己赋能的。有正向回流的事才能做得长久。

读书赛道是一项赋能他人的赛道,但同时,从个体角度来讲,它也是一个能够让自己深深受益的方向。走上这条赛道,就意味着走上了一条终身成长之路。

从2017年开始,我每年读书不少于100本,每天码字不少于

1000,自己的事业、家庭、个人成长……可以说,方方面面的收获,几乎全都因为我做了一个正确的选择。

当一个人持续学习,一切都会越来越好。

就像我当初坚持读书写书评,初心就是为了实现个人成长,我不希望自己定居小城后停止进步。未来很长,怎能年纪轻轻就不再学习?

投身读书赛道,就是选了一项能够持续为自己赋能的事业。这样发展下去,相信未来也不会错。

第二节 能持续努力并自我改变的人最厉害

还记得学员小策第一次上稿外部自媒体。那次，他的书评登上了“樊登读书”，还是首条，阅读量很快便超过了10万。因为这篇书评，小策不仅拿到了平台的500元稿费，还拿到了出版社800元的奖励，如果再算上我给他的100元上稿奖励，他总共赚了1400元。

我把小策的文章转发到了班级群，大家都在为小策欢呼，并纷纷向他讨教经验。

小策说，这篇书评一开始写得很困难，中途很多次都想放弃，但一想到成为自由撰稿人的心愿，最终还是咬咬牙，继续硬着头皮写作和修改，这才有了最终的成果。

一个新手，从不断阅读、写稿，再到上稿，中间积累知识、打磨技艺，甚至不断与自己博弈的这些艰辛，只有自己知道。但每个坚持下去的人，都一定会有收获。

就像一个人在黑暗中行走,只有最终坚持下去的人,才能看得到黎明的曙光,而那些中途放弃的人,永远也没有机会看到第二天的太阳。

遇见“至暗时刻”,熬不过去,掉头就走的人,久了也会养成掉头就走的习惯。

和自己死磕,拼命努力去做一件事,的确没那么容易,而放弃却很轻松。一旦你轻易放弃,“放弃”也会逐渐成为你的习惯,并在以后可怕地左右你的每一个选择,最终成为你的命运。

成长并不轻松。就像虫子变成飞蛾一样,不褪掉身上一层皮,就永远无法重获新生和学会飞翔。但当你突破了自己,挑战了自己,付出了足够多的努力,最终获得的成就感和喜悦也是巨大的,足以冲掉之前付出的艰辛。

一、能“沉”下去的人更容易收获成功

《一个人就一个人》作者刘同,集传媒公司高管和畅销书作家于一身,他的职场履历和成就光鲜亮丽,但一路走来,他也并不容易。

大学毕业后,刘同在湖南电视台工作了几年,2005 年,无法安于现状的他毅然辞去体制内工作去了北京,在光线传媒从一名普通策划做起。那几年,他每天都疯狂加班,原本特别喜欢和

朋友在一起的他，在那段时间里，陪伴自己的只有工作，工作就是他生活的全部。

后来因为工作努力，又有才华，刘同被调到广告部，并担任负责人，然而他对广告这个行业完全不懂，因此胡乱听信了身边人讲的那些所谓的“经验”。

刘同是一个单纯又耿直的人，这些“经验”让他充满困惑。为了搞明白，他把心中的这些问题都写在了笔记本上，满满当当记了 50 个，还专门跑去向领导请教。

结果可想而知，面对这些近乎“愚蠢”的问题，刘同被领导劈头盖脸一顿数落。

刘同坦言，这是他智商、情商最低的阶段。但面对窘境，他没有当逃兵，而是兢兢业业在光线传媒干了 15 年，最终从一名不起眼的新人做到了副总裁。

刘同在书里写道：“随着时间推移，专一、持续、认准一条路的人，反而会更让人尊重。”

当然，他也不是没想过跳槽，有才华又足够努力的他，从来不缺少机会。但刘同认为，如果因为做得不好就换公司，那在新公司遇到同样的问题又该怎么办。

“如果一定要和人比较，比成绩、比现状都是暂时的，要比就比谁更沉得住气，更能在某件事上沉下去。这些年来，能沉下去的人,事业都一一上岸了;一直沉不下去的人,事业都逐渐溺亡了。”

年少时的我很狭隘,总觉得坚持、毅力没什么好羡慕的,反而更崇尚所谓的智力和天赋。但现在30多岁的我越来越觉得,坚持不仅是一种底层能力,更是一种可贵的天赋。

古话说,人贵有恒。一个能坚持的人,一定是能成事的人。

二、持续努力,定会看到成果

读书写作之前,我是个对时间流逝很容易感到恐慌的人。每年过生日或者年底的时候,我都会由衷感慨:一年又过去了,反观自省,又是原地踏步、毫无长进的一年。这种年龄不断增长,个人能力增长太慢的现状,总让我感到焦虑、心慌。

直到读了刘同写在书里的一段话:“长大长大,年纪长了,心却没强大。我们恐慌的,不是年纪,而是从未改变过的自己。”真是直击我的内心!

是的,真正让我们感到恐慌的并不是年龄,而是一年又一年虚度光阴、成长龟速的自己。

以前,总觉得一些女性所说的“年龄不过是个数字而已,重要的是心态要年轻”太过空洞,如今的我发现其实真是这样,当一个人的能力和心态都获得相应的成长时,年龄就真的只是数字了。

还记得30岁生日那天,回想过往,自己做的事真不少,而且都是突破性的。

写了一份六万字专栏、带了两期私教班，评价都还不错。

新开了读书营，计划招募100人，虽然最终只招了90多，但已经非常接近目标了，毕竟招募前后持续时间不到五天。在如此短的时间内招募到这么多人，不正是因为自己对自媒体的坚持吗？

还尝试了做短视频，找我合作的平台、出版社、图书公司也越来越多。与此同时，也读了几十本书，写了几十万字。

那一年的成长和进步，远远大于前两年。和斌哥说起这些的时候，他说是因为时间到了。

有些努力不是一下子就能看到成果的，需要日积月累。就像我们挖水井一样，只有不停地坚持往下挖，才会有水流出来。

确实，记得住每一年，又看得到每一年自己的改变，就不会害怕年纪变大。而能改变自己的人，往往最厉害。找准目标，坚持去做，只要每年都有新的成长和突破，我们就不会因为年龄增长而焦虑恐慌。

就在坚持和放弃之间，别人对我们也有了截然不同的看法：

"早说了，他就那样。"

"想不到，他还能那样。"

有生之年，希望你我都能成为后者。

第三节　30 多岁女性如何才能事业顺心,人际和谐,幸福美满

这些年,我一直读书写作和各种学习,为的是提高自己的生存力和竞争力。可 30 岁之后,我越来越发现,人这一辈子漫长又充满挑战,有时候,一次事业上的挫败、一场人际纷争、一段情感纠葛,都足以让我们瞬间崩溃、心力尽失。所以,在学习知识、提升能力的同时,如果能有幸习得一些智慧,人生才更容易自在舒心。

《小女子职场修行记》这本书书名听起来俗气,书中的故事和观点却很有智慧。

这本书讲述了刚毕业的女大学生陆晓兰进入职场后,因为遇到了人生贵人赫拉,并在赫拉的指引下开始“修行”,通过践行种子法则,存善念、做善事,最终在职场平步青云,并收获美满姻缘的故事。

那么,《小女子职场修行记》中的女主人公陆晓兰是如何通过践行种子法则改变命运的呢?

一、工作:把事做好是本分,把人做好才加分

晓兰大学毕业后入职的是一家外贸公司,从最底层的销售做起。为了胜任工作,上班的八小时晓兰兢兢业业,晚上回到家后,吃饭、打电话、洗衣等所有生活杂事全部控制在一小时以内,业余时间全部用来学习工作需要的技能……

在晓兰的努力下,一个月后,她便成了部门的业务标兵。但晓兰并没有满足于此,把本职工作完成后,晓兰总是积极主动承担一些本职工作外的事务。比如,帮助设计部的同事作图,帮加班的同事打饭,只要需要自己的地方,力所能及的情况下,晓兰都会尽心尽力,而且从不邀功。

做事可靠,做人尽心,这样的同事和员工谁不喜欢呢?

晓兰很快就在单位收获了好人缘,也得到了领导高度认可,而她因为勤快好学,拥有一身"本领",公司从上到下都慢慢离不开她了。短短两三年时间,晓兰便从一名普通业务员做到了部门总监,薪水从一开始的千元涨到了两万元。一个刚毕业的新人华丽逆袭为职场金领,秘诀就是对种子法则的极致践行。

种子法则的本义是你想得到什么,就必须先种下什么。

想要得到爱的回报,就要先种下爱的种子;想要得到财富,就要先种下财富的种子;想要得到善意,就要先种下善意的种子。

有道是“种瓜得瓜,种豆得豆”,朴素的谚语往往蕴含着深刻的生命智慧。当晓兰遵从贵人赫拉指引,“种下”努力工作、积极助人的好种子后,她在职场的发展顺风顺水,得领导赏识,受同事尊重。

对于每一个想在事业上有所成就的人来说,把事做好是本分,把人做好才加分。怀着一颗真诚的心做事和待人,就是“改命”最好的秘诀。

二、生活:感恩父母,奉献社会

践行种子法则的第二项,是孝敬父母。

中国有句俗语,“百善孝为先”。一个人要行善,首先就要孝顺父母,一个人连父母都不孝顺,谈何奉献社会?

父母是我们最大的恩田,是最值得感恩的人。为了向父母报恩,晓兰每个月都会把收入的30%寄给父母,尽自己最大努力回报父母。

此外,她还把收入的一部分捐给红十字会,并加入了深圳义工联,利用周末时间积极去做义工,努力做一个对社会有用的人。

一个打工人总能在别人需要的时候慷慨解囊，这听起来似乎有些不可思议。其实，小说中的主人公是有真实原型的。

作为种子法则的践行者和受益者，书中的女主陆晓兰努力帮助别人，处处为他人考虑，人生之路也越来越顺，而这其实是作者本人的真实写照。

赫拉说："每个人都有一张'福气卡'，这个福气卡上的福气是可以被消耗的，也可以增加的，真诚做事，常思利他，就是充值。"

感恩父母，回馈社会，就是在往自己的"福气卡"里充值。

人性纵然有不好的一面，但当我们选择相信真心、善意、美好，才有可能收获更积极正向的能量。

相信，才会有奇迹发生。

第四节 曾国藩成事的三个秘籍,适合成长中的每一个年轻人

曾国藩不是什么天才,读书方面,考进士用了整整九年,从14岁考到了23岁;早年在打仗方面也经常遭遇失败。就这样一个天分不高的人,一生却修身齐家,治军理国,做到了立德立功立言三不朽。

当代作家冯唐在其著作《成事》中坦言,自己读曾国藩著作最多,受其影响也最深。

有人说,上天赋予曾国藩的智力和体力,本来只够他完成一生事业的十分之一,他最终却发挥出超过上天赋予的十倍能力。

作为一个资质平平的人,曾国藩究竟是如何成事的?

结合梁启超编撰的《曾文正公嘉言钞》,冯唐从现代管理学理论和实践的角度,用轻松幽默的方式重新解读了曾国藩,并告诉我们:成事是一个人一生的修炼,最重要的是,成事可以学习。

曾国藩身上究竟有哪些成事秘诀值得我们学习？我总结了三点。

一、成事秘籍一：管理自己

1. 戒懒戒傲

曾国藩认为，一个人要成事，首先一定要勤奋，要能吃苦，千万不可懒惰，否则再有雄心和抱负，一个“懒”字，足以让一个人一辈子都一事无成。

其次，越是聪明的人，越不能骄傲。聪明人大多自视甚高，但也正因如此，他们往往会给自己增加不必要的阻力和压力，进而增加成事的难度。

那么，怎样才能做到戒懒戒骄呢？

答案是：做到“敬”和“恒”。“敬”，即“敬事”，也就是认真做事，尊重常识和积累；“恒”，是指有毅力，能坚持。认准了一个方向和目标，就踏踏实实地去努力，时间久了，就会养成勤奋谦虚的品格。

2. 专注目标

无论做什么事情，最难得的品质是专注。明确了目标，就努力钻研，这样才能有所收获。

一个人想要成事，就要懂得把劲儿往一处使，不能广撒网，目标过多,只会浪费时间和精力。这就好比一个挖水井的人,如果总是不停地变更目标,挖了一个又一个,但都没有挖很深,那么他挖到水的可能也很小。

一个人如果不懂得专注,做事虎头蛇尾,那么他将很难成事。

3. 提高身体素质

一个人要想成事,健康的身体是根本。精力旺盛的人,时间利用率更高,能做成的事情也更多。

曾国藩的身体并不好,30 岁便耳鸣,36 岁就戴老花镜,多年劳累导致病痛缠身,正因如此,他多次在书中强调健康的重要性,在平时生活中,他也一直在身体力行。

古人没有今天的健身馆和众多健身设备,他最常用的锻炼方式就是走路。虽然以曾国藩的地位,出门即有轿坐,但他却能走路绝不坐车,坚持多锻炼。

对于我们现代人来说,要想拥有一个好身体,还是要多健身,少玩手机,把时间花在更有意义的事情上。

二、成事秘籍二:关于做事

1. 诚心、虚心做事

何为诚心?何为虚心?所谓诚心做事,是指以真心实意的态度投入，用踏踏实实的行动践行，不敷衍，不虚假；虚心做事，则是指和他人一起做事的时候，心态要平和，不能耍心眼，也不能带成见。

曾国藩认为，抱着“两心”做事，不走捷径，成功的概率会更大。那些做事情别有企图或者总想走捷径的人，往往会偏离初衷，离自己的初心越来越远，最终结果也不如意。

2. 大处高明，小处精明

高明和精明都有智慧的意思，但二者侧重有所不同。高明指有大局观，能跳脱出具体事物和人物，看到问题的核心。精明是指实事求是，能够多方推理，反复论证，不想当然。

世人精明的多，但高明的少。曾国藩告诫我们，大局上要高明，能够透过现象看本质，提高自己解决问题的能力；而在具体操作层面，则要精明细致，不要想当然，拍脑袋作决策。

于高明和精明两个角度反复做实事，才是成事的捷径。

3. 注重反思总结

研究一个领域的学问，做一件事情，既要善于吸取知识，也要积极思考，提出自己的疑问，这样才能进步更快。

曾国藩资质不高，却做成了很多大事，一个很重要的原因就在于，他是一个注重反思、非常务实的人。

曾国藩有记日记的习惯，每天晚上睡觉前，他都要反思一天做了什么。哪些地方做得好,哪些地方还要改进,他都会深刻反思。

正是这种跟自己“较劲”的精神,曾国藩才得以不断完善自己,从一个普通人一步步成为卓越之才。

三、成事秘籍三:管理团队

1. 重用朴实之人

曾国藩是有名的“伯乐”,发现和培养了大量一流人才,当时有“湘系文武半天下”的说法,意思是说,天下有近乎一半的官员都出自曾国藩门下。可见曾国藩在识人用人上确实很有一套。

关于如何挑选人才,曾国藩的原则是:“观人之道,以朴实廉介为质”。他认为,一个人能不能用,关键看个人品质,朴实、谦虚、廉洁,满足这些基本要求才能任用。

2. 打造一支有执行力的团队

一个人要成事,靠自己是不够的,还要有团队力量的支持。

为加强团队管理,曾国藩专门对下属提出了两点要求:一是不睡懒觉;二是不撒谎。曾国藩一生“尚拙”,认为“拙可以胜巧”,“不睡懒觉”“不撒谎”看似都是很简单的要求,但能长期做到的人,一定不简单。同样,一个团队若能做到如此,那它必然是一支高效可靠、充满战斗力的团队。

曾国藩认为团队管理人员应该言而有信、实事求是,不要承诺太多却兑不了现,这样反而会在下属中失去信任,得不偿失。

3. 统筹全局

"用兵之道,最忌势穷力竭。"这句话的重点在"竭"上。"竭"侧重于全局性和前瞻性。比如,人力物力可以支撑多久,是否有取胜的可能,资金能支持多久,有多少人可用等。

这句话的意思是,带领团队一定要有统筹全局的眼光和能力,根据整体情况制定战略,并适时调整战术。

总体来说,曾国藩认为,一个人能不能成事,最重要的是第一要有方向,第二要有见识,第三要有毅力。

他用自己的一生向我们诠释了一个普通人如何通过自我完善达到人生高峰。相信在他的指引下,我们也可以成为更好的自己。

第五节 当你觉得生活糟透了的时候,这个方法,让你受益一生

我曾在微信上向几个朋友问了一个相同的问题:“你有没有很痛苦、很焦虑的时候?为什么?”

得到的答案有点让我出乎意料,虽说每个人的生活都会有坎坷和不如意,但没想到大家居然对生活这么牢骚满腹。

“学霸”晓云说,虽然从小到大成绩很好,但因为自己长得不够漂亮,她觉得自己很糟糕……

初中同学东子公考奋战了几年,终于在去年考上了公务员,全家皆大欢喜。年后相亲了一个对象,东子很喜欢那姑娘,结果姑娘前段时间认识了一个有钱人,回来便很快跟东子分了手,东子为此崩溃了一个多月,觉得自己是天下最可悲的人……

闺蜜毕业后入职了一家投资公司,职业发展一路顺风顺水,结果上个月参加竞选名落孙山,很长时间陷在无尽的自我怀疑

和痛苦之中……

其实,我的这三个朋友都是同龄人眼中的佼佼者,可是他们的痛苦并没有比其他人更少,那么问题究竟出在哪里?

心理学著作《思维改变生活》告诉我们:痛苦往往源于自身错误的认知,一些不合理的想法是导致我们痛苦、焦虑和挫败的根源。

学习好的,期望颜值更高;工作顺利的,又希望爱情一帆风顺……可是,人生不如意事十之八九,没有谁的人生是完美无缺的。总和自己较劲,和生活较劲,我们就会在痛苦的深渊中越陷越深,活得也会越来越拧巴。

那么,究竟是哪些错误的想法让我们变得不快乐了呢?总体来说,大概可以分为四种。

1. 不合理的"应该"

这种想法通常比较绝对。比如,有些人觉得每个人都应该喜欢"我",或者"我"应该永不犯错。

其实,再优秀的人也很难得到每个人的喜爱,或者永远只做正确的事情。更何况,我们只是普通人,以这么严苛的标准来要求自己,不痛苦才怪。

越是绝对化的想法,实现的可能性就越小。当我们脑子里这种想法越多的时候,就越容易遭受挫折和痛苦。

要想让自己从这种错误的思维方式中解脱出来,最好的办法就是改变心态,给自己留些余地。比如,暗示自己:“我不可能让每个人都喜欢自己,虽然我希望如此,但它不可能实现。”

不过分苛求自己,用灵活变通的方式看待问题,生活自然能轻松不少。

2. 灾难化思维

有些人会不自觉地夸大一件事的后果,从而让自己陷入无尽的焦虑。这种错误的认知也是常见的导致自己痛苦的根源。

刚参加工作那会儿,主管让我写篇新闻稿,结果我写漏了某个公司领导的名字,当时的我吓得不行,特别害怕主管会批评自己,那几天,见到主管我就绕道走。但其实,人家根本没找我茬。或许他觉得只是小问题,没必要苛责下属,抑或他根本没发现。总之,他对待我的态度依然和以前一样,而我却因为这件事情惶惶不可终日,总担心主管因为这事把我给开了,整天工作都不在状态。

把事情的后果想得过于严重,甚至把可能性当作必然性,一点小事就无限地夸大,仿佛大难临头,生活自然会快乐减少,纠结和痛苦增多。

3. 以偏概全

有些人仅凭一两次的经历,就得出一个消极的结论,这就是以偏概全导致的。比如,伴侣偶尔忘记一次结婚纪念日,就认为对方根本不在乎自己;比赛中失败,就认为自己没有天赋,不适合;遭受到一点不公平对待,就怒骂世风日下。

这类人的心态消极且悲观,当一个人总用消极悲观的心态和眼光看待一切时,又怎能快乐起来呢?

4. 过于敏感,自寻烦恼

有些人“责任感”爆棚,总认为自己应该为某件事负责。比如,和朋友一起吃饭,朋友心情看起来不大好,就认为是自己的原因,其实这件事很可能与你无关。

还有一种人过于敏感,总觉得别人是在针对自己,因为他人的一句话或一个表情就闷闷不乐。

其实,别人的反应未必与我们有关,很多时候,它只是体现了他们自己的烦恼和个性。如果总是自寻烦恼,什么事情都往心里去,不仅容易压抑自己,更不利于建立健康的人际关系。

那么,当我们被这些错误认知控制和纠缠的时候,应该怎么办呢?

《思维改变生活》这本书为我们提供了解决方法,那就是学会监测自己的思维。

理性思维不同于感性思维,感性思维经常会无意识地流露出来,而理性思维则常常需要人为调动和介入。因此,要想摆脱痛苦,就要让自己跳出感性思维的困扰,努力用理性思维纠正自己的错误认知。

具体操作方面,我们可以把自己的所思所想写下来,从当时的那件事情当中跳脱出来,以一个旁观者的角度去分析和看待,相信很快就会豁然开朗。

第一步,记录情况和感受。发生了什么事,“我”的感受如何?

第二步,你的想法和信条。想法是什么?观念是什么?

第三步,辩驳。对自己原有的想法和观念进行反驳。

第四步,积极的行动。接下来应该怎么做,现状才会变得更好一点?

人的思维常常很感性,很多时候,我们之所以痛苦,就是因为被一些错误的感性想法所困扰。

比如前段时间,我就因为老公回家之后一直躺沙发上看电视,晚上很晚才进房间睡觉而不高兴和生闷气。两人因为这件事情多次争吵,不仅伤害了夫妻感情,更影响了自己的心情。

现在想来,如果我懂得监测自己的思维,那么我会这样做:

首先,记录情况和感受:老公回家之后一直躺沙发上看电视,也不进来陪我说说话,真是郁闷。

其次,记录自己的想法和信条:他应该更努力一点,不应该把时间浪费在无聊的电视剧和综艺上,把晚上的两三个小时用来提升和学习,事业才可能更好啊;更何况,即使不想学习,早点进房间多跟我交流一下,聊聊天也比看电视强吧?

然后,辩驳:为什么下班后就一定要努力学习和提升?看看电视放松一下也没什么吧?生活也要有张有弛。他之所以不想跟我聊天,可能是因为每天上班很单调,没什么新鲜事。毕竟平时有什么事,他还是挺喜欢和我分享的。

最后,积极行动:看看自己喜欢的书或者电影,适当分散注意力,相信心情一定会好很多。

其实,人的很多痛苦,都源于不愿意承认理想和现实之间的差距。对生活和自身抱有过高期望,痛苦就会越来越多。

我们要努力让自己成为一个懂得变通的人,随心而活,坦然接受自己无能为力的时刻,这样才更容易度过漫漫长途,收获更多的快乐。

第五章

人生精进：绽放独特光芒

第一节　人生最好的活法：勇敢做自己

大学毕业后，闺蜜从贵州辗转到上海，一路从会计事务所到投资公司，职场有过顺利，也有过迷茫。

两年前，她所在的企业效益开始变差，闺蜜的工作也面临不保，心里隐隐有了些退意。加上在外漂泊了五六年，家里不断劝说她早日回老家结婚生子，安居乐业。

那年五一，闺蜜回了老家。经亲戚介绍，闺蜜相亲了老家隔壁市的一个男孩，在两家建议下，闺蜜甚至还报考了男孩所在城市的公务员考试，笔试成绩出来后，闺蜜排名第二，男孩家里很高兴，闺蜜的父母自然也喜出望外。

然而，快到面试的时候，闺蜜放弃了面试机会，也放弃了就在眼前的安逸生活，重新回到了上海。

我不理解，就问她："你这就差临门一脚了，怎么突然当了逃兵？"她却告诉我，她觉得自己还是更喜欢现在的工作，也更喜欢待在大城市。

很多时候，人都会在“我想要”和“别人认为我应该”二者之间摇摆不定。其实，违背自己的心意是最难的一件事。

一个人在职场探索了多年，对于自己喜欢什么，做哪方面工作更感兴趣，大概率已有比较清晰的认知。难的不在于做什么职业，而在于是否有勇气和魄力遵循本心而活。

如今，闺蜜依然在上海拼搏，从事喜欢的金融工作，业余时间紧张备考香港大学 MBA。而且，还谈了一个博士男友，两人情深意笃。

人生就像一场冒险，选择自己热爱的工作有时候往往需要冒更大的风险，但遵循本心的人生，才能跳出束缚，遇见更多惊喜与可能。

在人生岔道口，究竟是选择安逸稳定的工作，还是选择有挑战性和更大可能的工作，这二者其实都没有对错，也没有哪个更好之说。

答案在每个人心里。

如果硬要做选择，我认为，选择和自己的人生价值相匹配的职业最重要。应该承认，人和人之间是不同的。有些人喜欢稳定、闲逸，没有太多野心和欲望；有些人天生爱折腾，无法甘于平庸，渴望实现更大的人生价值，希望得到更多肯定、认同和追随。

对于前者来说,安逸稳定的工作就是最理想的选择;对于后者来说,有挑战性的工作才能施展理想和抱负。两种选择没有高下之分,只有适合与不适合。

在人生路上,错误地选择了与自己价值观不匹配的职业,这才是最大的痛苦。

所以,保持清醒认知,尽早明确自己的价值观,问一问自己“我究竟是一个什么样的人?渴望过什么样的生活”,真的很有必要。

必须要提醒的是,这个时代发展很快,普通人逆袭的案例比比皆是,安于平凡比追求成功也许更难。面对他人的成绩和闪耀,守着淡泊之心,不艳羡、不焦虑、不嫉妒,如果不能泰然处之,即便你的生活再稳定安逸,恐怕也难以得到真正的幸福。

身在福中无法享受幸福,既痛苦,又可悲。

武志红曾说:“人生只有一种成功,那就是按照自己的意愿,活出自己的人生。”但前提是,你需要确认自己的意愿是什么,并让它成为你的生命意志,如此,才能避免随波逐流,真正活出自我,成为人生的掌控者。

第二节 女生走出内耗，究竟会有多舒畅

每天都想努力，却总提不起劲；看着混日子的自己，满心焦虑，却无能为力；羡慕别人的优秀，总觉得自己一无是处……是你吗？如果以上感受全部中招，那么可能你已陷入精神内耗。

曾经，我以为“内耗”这个词离我很遥远，因为我并不是一个高度敏感和容易纠结的人。但最近，我发现自己其实也有点内耗。比如，为数据焦虑、为不够高效焦虑、为未来的事业发展焦虑……

当没有得到预期的结果时，我也会同其他人一样怀疑努力有什么意义？生活有什么意义？

就这样，整个人悲观、消极，在泥潭里越陷越深……

但比较庆幸的是，虽然我无法做到时刻能量满满，但一定不会允许自己一直消沉。这几年不停歇的学习，让我逐渐成长为一个懂得自我调整的人。我相信：不开心的时候，必须得做点什

么，才能打开新局面；行动起来，才能停止精神内耗。

这一节分享四个小技巧，希望对你有帮助。不开心的时候、忧郁的时候、缺乏动力的时候，拿出来读一读，也许能帮你重新获得能量。

1. 向榜样靠近

榜样是某个领域非常出色的人，这样的人身上通常都会具备一些超于常人的优秀品质。比如，自律、高效、不放弃等。

虽然我们不一定能亲眼见到榜样，但在网络世界，我们有很多方式靠近他们。比如，去看榜样的视频、阅读榜样的文章和书籍等。

人是需要榜样的，因为从他们那里，我们能获得精神力量。

我的榜样有张萌“萌姐”、“行动派”琦琦、廖智、刘媛媛等，想当“咸鱼”的时候，我会看看他们的文章或者短视频，每次都能找到重新出发的力量。

靠近榜样不是为了成为榜样，而是为了唤醒那个不甘平庸的自己。

2. 拒绝不想做的事

容易内耗的人常常害怕拒绝别人。

明明不想做的事，但为了不让对方失望，就委屈自己答应下来。结果不仅让自己陷入痛苦之中，还非常不利于一段关系的健康发展。

我以前也经常委屈自己答应他人做一些并不想做的事，结果当然是不开心。后来看了很多书才知道，坦诚地表达自己的想法才是正确的人际交往态度。如果一个人总需要我们妥协和忍让，这样的关系，不如趁早放弃。

真正对你好的人，一定会允许你做自己。

3. 做自己喜欢的事

内耗的时候，我们常常会被负面情绪所包围，没有快乐、轻松，也没有丝毫的成就感。面对这种情况，我们应该努力找到自己的喜好和做事节奏，看电影、跑步、聚会、爬山……行动起来，只要你真的爱自己，就不会允许自己沉溺在悲伤之海。相信我，哪怕迈出一小步，也会有惊人的改变。

4. 与自己和解

很多时候之所以内耗，是因为本我和自我的撕裂。想要的太多，却又努力得不够；想要躺平，又无法躺得心安理得。

如果期待未来是星辰大海，就必然要付出更多努力。作为普通人，如果连努力都拼不过，还能拿什么赌明天？如果满足于三餐四季，就不要羡慕别人财富自由。

成功并没有固定的标准，每个人都有自己的活法。

不要因为他人乱了自己的节奏。跟着心走，与内在的自己和解，你才会有真正的快乐。

第三节　一个人最好的生活态度：不焦虑，不着急

最早知道汪曾祺，源于曾经学过的一篇课文——《端午的鸭蛋》。经过汪老先生生动细腻的描述，原本平淡无奇的红油鸭蛋从此成了语文课本中关于美食的最佳回忆：

“高邮咸蛋的特点是质细而油多。蛋白柔嫩，不似别处的发干、发粉，入口如嚼石灰。油多尤为别处所不及。鸭蛋的吃法，如袁子才所说，带壳切开，是一种，那是席间待客的办法。平常食用，一般都是敲破‘空头’用筷子挖着吃。筷子头一扎下去，吱——红油就冒出来了。”

这篇文章让我记住了汪老先生，也深深记住了汪老先生的家乡高邮——一个盛产双黄咸鸭蛋的地方。

汪曾祺先生是当代著名的散文家，不仅如此，他还是美食家，同时更是生活哲学家。他身上有一种文人雅士的闲适、恬淡

和从容,被誉为“中国最后一个士大夫”。

他笔下的文字平淡质朴,却韵味悠长,字里行间处处透着对生活的热爱,充满了生活情趣。冯唐评价他的文字:“明末小品式的文字,阅读时开窗就能闻见江南的荷香。”

一、汪曾祺与父亲

汪曾祺的母亲在他三岁那年就因病去世了,父亲汪菊生多才多艺,是当地有名的画家,擅长多种乐器,练过武术,还是体操运动员和足球健将。这样的父亲,即便在今天,也已经够酷了,更何况是在 100 年前。

汪曾祺多次在书中写道:“我的父亲是我见过的最聪明的人。”

汪菊生不同于传统社会中严肃刻板的父亲形象,相反,他尤其喜欢亲近子女,时常一起玩闹,被称为“孩子王”。

有一次,父亲汪菊生用琴弦制作了一个蜈蚣风筝,带着年幼的汪曾祺和兄弟姊妹一起去麦田里玩。看着风筝飞得又高又稳,那是汪曾祺童年最美好的回忆。更难得的是,汪菊生还是个少见的民主通达之人,个性随和,讲究平等待人,即使是和自己的孩子。

汪曾祺与父亲关系极好,就连 17 岁那年写信追女孩,父亲都在一旁给他出主意。汪菊生形容他们的关系是“多年父子成兄弟”。

父亲的性格和为人处世的态度，深深影响了汪曾祺的家庭观念。他认为，一个现代化的、充满人情味的家庭，首先必须做到“没大没小”；父母叫人敬畏，儿女“笔管条直”，最没有意思。

在他家里，全家老少都称他“老头儿”，老婆这么叫，三个儿女这么叫，连小孙女和外孙女也这么叫。而父亲对生活的热爱，更影响了汪曾祺的生活态度。

他在书中写道：“人活着，就得有点兴致。”

知青下乡那几年，写字画画的手变成了种地的手，但他从不曾哀怨。有一次，在喷农药的过程中，他发现“波尔多液”竟然是很好看的天蓝色，开心得像个孩子。

在坝上工作时，偶然采到一颗大蘑菇，他为能带回北京给家人做一碗汤而激动不已。在马铃薯研究站，早上起来，到马铃薯地掐一些花和枝叶，回到屋里，插在玻璃杯里，开始对着画。到了晚上，就尽情读书。平淡乏味的日子，他却过得有滋有味，如神仙般快活。

这样的生活态度几乎贯穿了他的一生。日子安定之后，他每天写字、画画，兴致来了就给家人做饭，怡然自得。

不论是在艰苦年代，还是在安稳岁月，他都很少愁眉苦脸，总会想办法找点乐子。这样的汪老先生，真是有趣、可爱又可敬！

二、汪曾祺与沈从文

1939年，汪曾祺考入西南联大中文系，成为沈从文的学生，他的才华也得到了沈从文的欣赏。关于沈从文对自己在文学创作上的影响，汪曾祺在书中提到了两句话，第一句话是沈从文在课上常讲的：小说创作要贴到人物来写。

所谓贴到人物来写，有三层含义。一是小说是写人物的，所以，人物是主导，其次为派生。作者要热爱自己所创作的人物，对他们要有带抒情意味的同情心。二是作者要和人物站在一起，以人物的哀乐为自己的哀乐，这样写出来的作品才如行云流水般顺畅、自然，能够打动人。三是人物以外的其他东西都是附属于人物的。其中的环境和对话都要紧密围绕人物来写，符合人物身份，不能仅凭作者自己想当然。

汪曾祺举了一个例子。有一次，他写了一篇文章，自以为用词精妙，对话高明，结果却被沈从文批评是“两个聪明的脑壳在打架”。汪曾祺从此意识到：文学创作并不是作者写作技巧的炫耀，而要力求故事的质朴和人物的真实，要符合现实生活。

还有一句话是：“千万不要冷嘲。”20世纪三四十年代的中国，正是新旧思潮激烈碰撞的时代，当时的知识分子一方面不满于封建文化的落后，另一方面却又苦于无力改变，作品有意无意中流露出对现实的嘲讽，以及玩世不恭的态度。

沈从文发现之后，立即教导汪曾祺要热爱生活，即使在严酷的现实面前，也不能觉得“世事一无可取，也一无可为”。

做好自己的工作，永远向往真善美。文学，理应使人获得生活的信心，不是吗？这不仅是一种写作态度，更是一种生活态度。

沈从文去世时，汪曾祺评价恩师“是一个真正淡泊的作家”。在汪曾祺看来，所谓淡泊，是人品，也是文品。

受沈从文影响，汪曾祺一辈子向真向善，几十年如一日地沉浸在文学创作中，文字里总流淌着对生活默默的温情，以及对底层人民的人道主义关怀。

沈从文对汪曾祺的影响，不仅在于治学，更在于精神上的深远影响。

三、汪曾祺谈写作

谈到汪曾祺，自然绕不开写作话题。他曾分享过很多关于写作的心得，让热爱写作的我获益匪浅。

1. 语言要有趣而富有内涵

他认为，语言不仅能反映作者的气质和思想，还具有文化性，能够反映作者的文化修养。比如，一个懂得多种语言的作家，背后反映的是他深厚的文化底蕴。

文学作品要能给人带来美的体验和想象，引导人发现生活的趣味。因此他建议，作者在写作时，要多用有幽默感的文学语言，而不是纯粹的理论语言。

说到学习语言，汪曾祺认为有两种方式：一种是向群众学习，也就是多观察生活；另一种是多读书，多学习优秀作家的文章，培养自己的语感。

2. 写作素材源于生活

他在书中写道："我写作的素材几乎都是可遇不可求的。一个作家发现生活里的某种现象，有所触动，感到其中的某种意义，便会储存在记忆里，可以作为想象的种子。"

有人曾问汪曾祺，究竟是如何成为作家的？他认为这和自己从小喜欢东看看西看看有关。

从他家到小学要经过一条曲曲弯弯的巷子。放学回家，他喜欢去那些店铺、手工作坊转转，看银匠制作银器，看灯笼工糊灯笼。

正是源于对生活的细心观察，家乡的一草一木、一山一水、一街一巷都成了他灵感的来源，他的作品也因此充满了生活气息。

文学作品源于真实的生活。注重生活的积累，并对生活保持长期思考，这是一个优秀写作者应该有的写作态度和理念。

3. 写作最好的心理状态：静思往事，如在目底

静思往事，如在目底。这句话本意是指，当一个人心情很平静的时候，往事就会一一在脑海中浮现。就写作来说，汪老强调的是下笔的时候，最好心里很平静。

十几年来，汪老一直有静坐的习惯。每天早上，他都会泡上一杯茶，然后静坐在沙发上，一坐就是一个多小时，任由思绪天马行空，浮想联翩，一些故人往事便逐渐在眼前清晰起来。据他所讲，自己的不少文章就是在这样的静坐放空中写出来的。

“唯静，才能关照万物，对人间生活充满盎然的兴致。”在静思中，慢慢就活出了趣味和自我。

对于写作者来说，切忌心浮气躁，急功近利。不着急，不焦虑，哪怕每天只是单纯地想一点事，读一点书，写一点文章，这一天也是有意义的。

用汪老的话来说，生活，还是很好玩的。

忙碌之余，不妨读一读汪老的文字，偶尔感受一下让心情慢下来的幸福，重新体味和感受生活的宁静与美好，找回在现实的洪流中逐渐迷失的自己。

慢慢过好当下的每一天，慢慢过好此生，足矣。

第四节 只有内心的东西，才会真正属于我们

1914年，28岁的丹麦富家小姐凯伦，为了男爵夫人的头衔，远走非洲，嫁给了瑞典男爵布洛尔·布里克森。她带着丰厚的嫁妆，包括瓷器、水晶、象牙和金钱，来到了东非肯尼亚，期待和新婚丈夫在异国他乡开启全新的生活。

然而，布里克森是个游手好闲的纨绔子弟，新婚第二天，他就抛下妻子外出打猎玩乐，经常好几个月不回家，还把梅毒传染给了凯伦，导致她终身不育。这段婚姻最终以离婚收场。

后来，凯伦遇到了英国贵族青年丹尼斯，二人性情相投，是一对非常般配的恋人，然而丹尼斯却因坠机去世，永远留在了非洲，凯伦独自一人伤心欲绝地返回了故乡丹麦。

这就是电影《走出非洲》所讲述的故事。这部于1985年上映的电影获得11项奥斯卡大奖、5项金球奖提名，直到今天，依然经久不衰。影片根据丹麦作家凯伦·布里克森同名小说改

编，也是凯伦·布里克森真实的人生经历。

在非洲的17年时间里，凯伦失去了健康、婚姻，也失去了爱人，在人们看来，凯伦彻头彻尾地失败了。

然而返回丹麦后，凯伦却用饱含深情的笔触写下了在非洲生活的这段经历。那么，凯伦为何对这段过往如此怀念？她在非洲的17年究竟收获了什么？

1. 一段值得回味一生的爱情

凯伦的婚姻一开始就注定不会幸福。婚后的凯伦很想和丈夫好好过日子，但男爵只留恋外面的世界，并不想做一个好丈夫，7年后，两人和平离婚。

离婚后的凯伦独自掌管偌大的农庄，慢慢适应非洲生活，也交到了三两好友，其中就有影响了她一生的人——丹尼斯，一个被称为“英俊得令人难以置信”的20世纪非洲狩猎及飞行探险先驱的人。

在电影中，凯伦用充满怀念的声音这样描述丹尼斯：“他连打猎都要带着留声机、三把来复枪、一个月的补给，还有莫扎特。”

丹尼斯是一个率性、达观的年轻人，热爱非洲这片热土，喜欢在草原上徜徉、驻留，骨子里流淌着热爱自由、追求冒险、放浪不羁的基因。一次晚宴之后，他们毫不意外地相爱了。

丹尼斯带着凯伦一起外出打猎，共同冒险，感受非洲大陆所蕴含的原始而自然的生命力，凯伦也由一开始的恐惧、不适应渐渐爱上了这片异域热土。

他们在星光下共舞，在帐篷边喝酒聊天，在午后的微风中小憩。丹尼斯还驾驶飞机带凯伦俯瞰非洲，领略那令人心碎又无比热爱的非洲大陆，凯伦感动地握住了丹尼斯的手，那一刻的美好，我相信她永生难忘！

感情发展稳定后，凯伦希望丹尼斯能娶自己，但丹尼斯是个随遇而安、自由高于一切的人，并不愿意被婚姻束缚："我不会因为一张纸更亲近你或者更爱你。"

他强调："和你在一起不是因为我选择和你在一起，而是我喜欢和你在一起。"但当凯伦在非洲失去一切，打算返回欧洲时，丹尼斯毅然决定放弃对自由的热爱与追逐，同凯伦一同返回。

尽管命运弄人，在准备动身的前两天，丹尼斯意外坠机而亡。婚姻失败，痛失心爱之人，凯伦的遭遇放在任何人身上都足够悲惨，然而多年后，她却用丹尼斯送给自己的钢笔，以饱含深情的笔触讲述了她在非洲所见的一切：草原、落日、山峦、彩霞、羚羊、狮子、雄鹰、火烈鸟，还有他们那段荡气回肠的爱情。风轻云淡的纸面，澎湃着的，是潮水般汹涌的感情，字里行间，尽是无限追忆。

即便不能天长地久,但凯伦已经拥有过这世界上最美好的爱情,最完美的爱人。她这一生爱过,幸福过,也见识过人世间的美好,虽不够圆满,但十足精彩!

2. 获得尊重

来到肯尼亚后,凯伦努力融入当地,尽管丈夫离家不归,对农庄撒手不管,但她没有自怨自艾,而是全心努力经营农场。

每天,凯伦都和仆人们一起辛勤劳作,她好像全然忘了自己富家小姐和男爵夫人的身份;对待下属,也丝毫没有主人的颐指气使。

一个当地男孩腿受了伤,她努力将其说服,并为他治病,后来还雇佣了他;为了让当地的小孩上学,她亲自去说服酋长,然后为孩子们办学校,请老师。

凯伦做的这些事情也许算不上惊天动地的大事,但她的善良和大爱最终消融了她与当地居民的隔膜,改变了他们对自己的抵触,为自己赢得了信任和尊重。当凯伦第二次从丹麦返回非洲的家时,无论是大人还是小孩,都挤在门口,欢迎凯伦回归,脸上都写满了开心。

后来,一场大火将农庄烧为灰烬,凯伦破产了,原本自己已是泥菩萨过河,但她坚持要把当地居民安排妥当再返回丹麦。她四处奔走求情,甚至在大庭广众之下向长官下跪……令所有在场的人震惊不已。

临走前，当初那个以不欢迎女性而拒绝凯伦进入的俱乐部，重新邀请了她。当在场的所有男人都向她举杯致敬时，我也对凯伦由衷地敬佩。

此时的凯伦，失去了金钱和财产，更不是什么男爵夫人，而是一个失败又失意的女人，却因自己的高尚人格获得了男权社会的尊重。对于一个女性来说，这是最难的，也是最值得骄傲的。

3. 蜕变成独立坚强的女性

去非洲之前，凯伦只是一个虚荣、骄纵的富家小姐。为了一个虚无的名衔嫁给了一个不爱自己的男人，这注定了她后面的不幸婚姻。但在非洲这片广袤的土地上，凯伦活出了一个崭新的自我：勇敢坚强、善良博爱、沉着冷静。

为了给在前线打仗的丈夫送补给，她一个人带领着仆人穿越蛮荒之地，途中被凶猛的狮子袭击，她勇敢与之搏斗，这样的顽强令男人都自叹不如；在异国他乡，身边无一亲人，又遭遇不幸婚姻，但凯伦并不消极，更没有抱怨，而是选择重新开始，努力经营农庄；然而就在即将收获前，庄园意外失火，站在熊熊燃烧的大火面前，凯伦内心无疑是绝望的，但她并没有号啕大哭，只是摸摸身边小孩的头，说了一句“一切都没了”，然后便开始平静地处理一切，遣散仆人，变卖剩余家产，随即告别一切，这样的沉着冷静令人心生敬意。

人最可贵的，是在生活的不幸接踵而至时，依然有面对残局的勇气。

17年前，她是个相信“我即我所拥有”的男爵夫人。她喜欢强调：我的、我的、我的——我的头衔、我的庄园、我的瓷器、我的丈夫、我的仆人……

17年后，她失去了所有，包括健康、婚姻、农场、爱人，从此与非洲永生相隔，也终于理解了丹尼斯的话：“我们只是过客。”

来的时候，凯伦带着满箱子的瓷器和水晶，离开的时候，孤身一人。她好像失去了一切，又好像得到了所有。情投意合的爱人，被人尊重、顽强不屈的个性，以及永生难忘的回忆。

在这片蛮荒之地，凯伦经历了一个女人可能经受的所有打击，但也找到了诗意与生活的真谛，并逐渐成为一个成熟独立、勇敢坚强的女性。

凯伦的故事让我想到了三毛，她们同样在非洲生活多年，一个写下了著名的《撒哈拉的故事》，一个写下了《走出非洲》，故事虽不一样，但她们都成功地让非洲成了无数人向往的神秘之地。

影片里的非洲有广袤的草原、成群的斑马、湛蓝的天空，每一帧都是一幅唯美的画，原始壮美，震慑人心。

尽管三毛和凯伦最终都离开了非洲，但无一例外，她们最终都被这片土地所俘获、所抚慰，并蜕变为这片土地"精神上的原住民"。

往后余生，凯伦一遍又一遍地回忆着往昔岁月："我在非洲曾经有一个农场，种咖啡豆，给当地小孩治病；我在非洲遇见了为自由奋不顾身的情人，热爱动物胜于人，折桂而来，情迷而往；我在非洲曾写过一首歌，哪里有已逝的热土，哪里有纯洁的朝露？我总是两手空空，因为我触摸过所有。我总是一再启程，因为哪里都陋于非洲。"

非洲这片神奇的土地滋养了凯伦·布里克森的心，孕育了一个洒脱不羁、坚强独立的灵魂。尽管最终孑然一身，却收获了一个无比丰盈的内在。

亦如英国作家珍妮特·温特森认为的：外在的任何东西随时都可能被夺走。只有内心的东西才是安全的，才是真正属于我们的。内心富足永远胜过外在浮华。

或许，这就是《走出非洲》这部影片给予我们最大的启示。

第六章

人生精进：汲取书中智慧，点亮人生之路

第一节　快乐比成功重要，一本能帮你找到幸福秘籍的宝藏好书

害怕没价值、担心没成绩，总是想要变得更成功、更美、更有钱……当我们把所有精力都放在这种无止境的追逐上时，疲惫、焦虑、痛苦也随之困扰着我们……人生并不漫长，这仅有的一次人生，快乐其实比成功更重要。

可是，我们很多人沉浸在各种说不清楚是真是假的所谓“自我实现”的路上，似乎已经忘记了关照自己，也不知道如何才能活得轻松，为金钱所累、为名利所困、为人生迷茫……

我读过一本轻松可爱的心理学书籍——《弗洛伊德与为什么鸭》。弗洛伊德是一只田园猫，懂心理学，很有智慧，爱睡懒觉，爱吃小鱼干，目前的愿望是陪小鸭快乐成长。

“为什么鸭”是一只很爱问“为什么”，爱把“呀”说成“鸭”的小鸭。小学二年级在读，偶尔也会有一些小烦恼，每到这个时

候,他总会和猫妈妈分享。

《弗洛伊德与为什么鸭》采用漫画方式,通过弗洛伊德和“为什么鸭”的日常对话,把一些心理学道理用生动的方式表达出来,非常有代入感,在轻松愉快的氛围里,不知不觉就学到了很多人生智慧。

这本书并不难读,两小时就能看完,更重要的是,它超级温暖和治愈。大家可以通过下面我分享的小故事和心得来体验下。

一、关于关系

每段关系或多或少都在满足我们的需要,比如帮助我们解决问题,比如让我们不孤单。但真正好的关系,不只是我需要你,你需要我,而是就算我没有那么需要你,也希望你在。

即使你什么都不做,我也会单纯地因为你的存在而感到幸福。

真正好的关系,就是互相陪伴。当一个人愿意为你付出时间,才是真的爱你、在乎你。

二、关于倾诉

有时候,听懂,不一定是懂对方跟你讲了什么,而是能明白对方为什么要跟你讲。如果你能够读懂对方和你谈话的动机，那也是一种很好的倾听。

很多时候，朋友跟我们倾诉心事，作为局外人的我们可能无力解决，于是内疚感滋生，但其实，朋友只是想找个人倾诉一下，仅此而已。

成年人聊天，要学会做一个好的倾听者。

三、关于边界感

小鸭的小车被朋友小黑弄坏了，小鸭有点不高兴。小黑却说："只不过是撞坏了一点点，你不要生气，我的车也可以给你玩呀，随便你怎么撞都行。"尽管小黑毫不在意，但小鸭还是有点难受。他问弗洛伊德，自己是不是有点太小气？

弗洛伊德告诉他，再好的朋友，也应该分清楚什么是你的，什么是"我"的。小黑认为你们的玩具是共享的，这就模糊了人与人之间的边界。

即便是再好的朋友，也是需要有边界感的。任何关系都需要有边界感，有边界是亲密关系的前提。

但建立边界，并不意味着要把自己完全和他人隔离起来，而是指能够各自负责好自己的课题，同时也能够坦然表达自己对他人的需求，既能独立地照顾好自己，同时也敢于放心地享受关系。

不舒服、不开心、被冒犯的时候,要敢于表达自己的需求和感受,这样对方才知道怎样跟你相处,并尊重你。

四、不真诚的道歉,都是不负责

小鸭不小心弄脏了好朋友绒绒最喜欢玩的球,小鸭赶紧向绒绒道歉:“对不起对不起,我不是故意的。”没想到的是,绒绒反而更生气了。

弗洛伊德问小鸭:“你跟他道歉的原因是什么?”小鸭回答:“当然是让他原谅我呀,让这件事情赶紧过去,我们还能愉快地玩耍。”

弗洛伊德却说,这并不是真正的道歉。

道歉的目的,不是让错误赶快翻篇,而是好好面对自己给对方造成的伤害,承认自己做错了,并且用行动来补偿。

所以,真正的道歉,不是为了让自己快点被原谅,而是为了承担责任。

五、你不需要对别人的不开心负责

小鸭作为班里的劳动委员,被老师安排排值日表。考虑到以前都是固定的几个同学做值日,公平起见,这次他安排了一组和二组轮流做值日，但是一组有一只鸭似乎对这样的安排不太满意，其他少数鸭也对小鸭爱答不理。

小鸭心里惴惴不安，是不是他们对自己的安排不满意？

弗洛伊德开导小鸭，如果其他小鸭觉得这样安排有问题，心里有情绪，那他们要自己提出来。如果不开心又不提，那也是他们自己做的选择。

每个人都要学会对自己的情绪负责，不要让他人去猜。有问题可以沟通，有负面情绪要学会用合理的方式来疏解。

如果你想让所有人都满意，不久你就会发现你有很多失望和不开心的时候，因为我们不需要也不可能让所有人都满意。

看完了弗洛伊德对“为什么鸭”的开导，有没有特别羡慕这只小鸭呢？

每个人在成长过程中都会遇到苦恼和困境，如果也能像小鸭一样有一个如此智慧又充满善意的导师指点和支持，那可真是太幸福了！

不过别遗憾，虽然我们无法像小鸭一样拥有弗洛伊德猫，但我们可以借助书籍解开困惑，治愈自己，从而勇敢快乐地生活。

生活不易，对自己温柔以待，才是幸福的终极秘诀。

第二节 32 岁的他,是人们眼中的"疯子",辞职旅行,只为寻找人生的意义

"我每天坐在格子间里工作 10~12 小时,以后升了职,顶多就是搬进独立办公室,工作时间变成 12~14 小时。我忍不住开始想,人生就该如此,再无其他选择了吗?"

和大多数人一样,约翰·史崔勒基曾经也是一名忙于工作、对生活一度感到迷茫的职场白领。但在 32 岁那年,他做了一个疯狂的决定:和妻子背起背包,不顾一切走上旅行和写作的道路。9 个月时间,他们一共走了 7 万英里,成为旁人眼中的"疯子"。

旅行结束后,他把自己的经历和感悟写成了《世界尽头的咖啡馆》,原本自费出版,没想到一年之内竟然成了畅销书,并被翻译成 39 种语言,深受全球亿万读者喜爱。

书中主人公约翰因交通受阻,意外来到了"你为什么来这里

咖啡馆”,并遇到了改变自己人生的三个问题:“你为什么来这里”“你害怕死亡吗”“你满足吗”。

这些并不是随便提出来的问题,对它们一瞥而过是一回事,认认真真去看,然后扪心自问又是另外一回事。因为对这三个问题的思考和追寻,约翰最终走出了困惑和迷茫,并找到了生命的意义和价值。

一、什么是人生的存在意义

PFE 是 purpose for existing 的英文首字母缩写,是书中反复提到的一个概念,意思是“存在主义”。简单来说,就是一个人为什么而存在?我们活着的意义和目标是什么?

在来到“你为什么来这里咖啡馆”之前,约翰不曾思考过这个问题,他只是每天过着单调而重复的日子,以为这就是生活的全部。高中的时候,约翰为了考大学而努力;上了大学,又为了找工作而努力;上班之后,每天兢兢业业地工作,希望早日升职加薪。

其实,很多人都和约翰一样每天都在麻木地生活着,以为这就是人生,但又发现,这样按部就班地生活常常令人感到沮丧。

虽然它不至于太坏,但似乎又缺少了点什么。

曾和大学好友虹聊起毕业后的生活,很是感慨。上大学的时候,虹是校园活动的积极分子,经常能看到她活跃在主持人大赛、歌唱大赛的舞台上,属于人群中闪闪发光的那种人。因为爱唱爱笑、多才多艺,性格又活泼开朗,无论是男生还是女生,都把她视为女神一般的人物。

毕业后,应家人和男友的期望,她考了外省的公务员,并很快结婚有了娃。生活虽说步入了正轨,却也陷入了平淡和无趣。

别人眼里的她,工作体面,家庭幸福。但她说,这些年自己过得并不快乐,每天的生活单调而封闭,整个人甚至都有点抑郁了。以前的她,特别喜欢唱歌,现在一年都没怎么亮过嗓子了。

不承想,曾经那么活泼开朗的她,竟然差点抑郁。走过那段满载青春梦想和充满活力的日子,很多人逐渐迷失在生活的柴米油盐中。

进入社会后,我们做出了一个又一个选择,要么为了回应亲人的期待,要么迫于外界压力和他人看法,却忘了问一问自己,这真的是"我"想要的吗?"我"究竟想过什么样的生活?曾经的梦想又去了哪里?

二、为什么要找到人生的存在意义

不知道自己存在意义的人,所做的事情往往只是为了回应他人的期待，或者重复大多数人都在做的事。找到人生的存在意义主要有四点好处：

1. 全力以赴去做想做的事，并真正乐在其中

当我们找到自己的存在意义后，就会尽一切努力去实现它。

刚毕业时，我就像个无头苍蝇一般，在职场中一路跌跌撞撞，找不到自己的方向。直到后来开始读书写作，我才发现原来这就是自己想要从事的工作。

基础差了一点，阅读积累也不够，于是开始大量阅读。上下班的地铁上，周末和平日回到家，空余时间我不是在写稿，就是在阅读。虽然很少有娱乐的时间，却沉浸其中乐此不疲。

2. 对生活的满意度更高，且更容易达成目标

明确了写作的方向之后，我的内心是笃定的，每天读读书、写写文章成了我最喜欢的生活。那段时间的我，觉得生活很美好，感觉人生的方向盘正被自己紧紧握在手中，虽然忙碌辛苦，但每天都是满足而快乐的。

后来从一线城市回到三线城市，环境是变了，但写作的初心并未改变。我开始在网上写作，大概半年后，就有编辑向我约稿，我因此顺利成为撰稿人，并拥有了和在一线城市相差无几的收入。

离职之前，有一次和曾经的同事闲谈，互相问起今后想做什

么,结果我俩的答案出奇地一致:做一名自由撰稿人。

当我不知道人生存在的意义,不明确未来方向的时候,我的人生是迷茫的。但当我找到了人生的存在意义,并坚定地走在这条路上的时候,我只用了不到半年时间就实现了曾经的梦想,当时真的完全没想到。

当你知道自己要去往哪里的时候,好像全世界都会为你让路。

3. 充满能量和激情,能感染身边的人帮助自己

知道自己要做什么,并且为目标持之以恒地努力的人,有一股神奇的魔力,这种魔力会让人忍不住想要靠近,甚至在必要的时候为他提供支持。

我有一个大学同学,上学的时候就决心未来要在农业领域创业,并多次在活动中向我们宣告他的理想。为积累经验,他大二时甚至还去农场养过猪。毕业后,辗转北京、广州等地,住最差的平房,只为追求梦想。

前两年,他开始创业了,卖东北大米。一次,他在朋友圈发起了众筹活动,短短三天就筹到了20万元。我特意看了下,不少支持者都是大学时的同学好友。

一个知道自己存在意义的人,他知道自己将要去哪里,并且会想方设法而去。这样的人浑身充满能量和激情,这种能量和

激情也会形成一种推力,感染着身边的人帮助自己。

三、如何找到自己的存在意义

1. 把时间花在有助于实现PFE的事情上

书中讲了一个很有趣的小故事:绿海龟在游泳时,如果海浪与自己的行进方向相反,它就会浮起来划水,让自己浮在原地,保存体力的同时,不至于被海浪卷到后面;而当方向相同时,它则会加快划水速度,乘着海浪加速前进。

反向浪会阻碍绿海龟前进,帮助它游得更快的是正向浪。通过巧妙借助海浪的力量,绿海龟优化了自己的划水方式。

这个故事告诉我们:如果你把精力投到很多事情上,包括想做的事和不想做的事,那么精力就会被分散,等你有机会做自己想做的事时,可能已经没有力气或时间了。

反向浪正如消耗我们精力和时间的人、事,正向浪则是帮助我们成就PFE的人和事。在反向浪上浪费的时间和精力越多,留给正向浪的时间和精力就越少。很多人每天看起来总是忙忙碌碌的,却没有做出什么成绩,一个重要原因就在于,把太多时间花在了不重要的事情上。

2. 从现在开始,做自己最想做的那件事

很多人都喜欢说这样的话,比如,"等有钱了,我一定加倍孝顺父母”或者“等我退休了,一定去周游世界”。事实证明,这些豪言壮语往往很快就随风而逝,说过这些话的人,也许根本想不起自己曾经说过这些话。

有人说,人生最大的遗憾是:“我”本可以。想做什么,就去做,不必非要等到若干年以后。我们总以为做一件事情的最佳时机是等到自己有钱有闲时,其实,人和事都是动态变化的,最好的时机往往是此时此刻。

即刻行动,未来才不会有太多的追悔莫及。

当然,如果你的愿望过于宏大,那么不妨从当下开始,每天为它付出一些微不足道但持久的努力。比如,你的梦想是未来写本书,那么从现在开始,每天花一小时时间用于写作,打磨自己的写作技能。每天坚持,日益精进,看似遥不可及的梦想,总有实现的一天。

3. 接触新事物和新理念,探索自己真实的内在需求

有的人一开始就很明确自己的追求,但更多的人,可能根本不知道自己想要什么。这些人,习惯了长期待在自己的舒适区里,能力和观念越来越固化,最终圈住了自己成长的可能。

人要成长,就要学会和过去的自己决裂。走出自己的舒适区和熟悉的圈子,去接触更多新鲜的事物和理念,你才会明白自己真正需要什么,生命中最重要的是什么。

第三节　几乎所有的痛苦，皆源于不善于独处

大概童年时，我就喜欢独处。之所以喜欢独处，应该和我从小爱看书密切相关。从上小学开始，我就经常一个人晚上趴在被窝里看各种课外书，周末作业完成后，也都是在读课外书中度过的。

中学课业压力变大，虽然很少有时间能无拘无束地读书，但每次放月假依然会执着地买上一本《读者》或者《青年文摘》，回到家后迫不及待地读上一个下午。因为阅读，所以习惯了独处。

如今，作为一名写作者，每天都需要读书写作，独处已经成为我的一种生活方式。但我并不孤僻，相反，不少认识我的人甚至评价我热情开朗。

在我看来，独处是必要的，这是因为人本身需要一定的独立空间思考和梳理自己工作和生活中出现的问题，然后才能更好

地重新出发。正如《精致的独处》这本书封面上的一句话:独处不是逃避这个世界,而是以另一种方式参与其中。

因工作关系,《纽约时报》资深专栏作家斯蒂芬妮·罗森布鲁姆曾在一年时间里分别在巴黎、伊斯坦布尔、佛罗伦萨、纽约独自生活,这段经历使她发现,独自旅行时的自己比平时更具洞察力,对世界的体验也更为丰富和细腻。

于是,她开始反思独处与个人之间的微妙关系,并从文学、心理学和社会学角度完成了《精致的独处》这部作品的写作,为独自生活的人或者渴望享有独处时光的人提供了更多的思考空间和方法建议。

一、人们为什么会有意避免独处

现实生活中,很少有人愿意无人陪同的情况下独自去餐厅吃饭或者看电影。总之,人们通常会有意避免独自一人出现在公共场合。

有些人性格外向,喜欢热闹,需要朋友或者家人陪伴,独处会让这类人内心很崩溃。

我曾经有个朋友就属于这种类型,吃饭、买东西、上厕所、上课,无论做什么事情,都要拉上一个人,否则她宁愿放弃做那件事。

弗洛伊德认为,处于黑暗之中或独自一人是儿童最早感受到恐惧的两个情境。一个性格极度外向的人,对独处的恐惧和对陪伴的高需求,远远超乎我们的想象。

很多人之所以避免独处,还有一个原因是书中提到的“焦点效应”,即总认为自己的一举一动都会被他人注意到。他们认为,如果自己经常独自行事,会被认为是性格孤僻、人缘差、没朋友之类的存在。为避免他人的异样目光,他们会避免独处。

除了上面两个原因外,人们不喜欢独处还有一个原因,即我们常常分不清“独处”与“孤独”的概念。看到某个人经常独处,就会判定他一定很孤独。

关于“孤独”,林语堂认为,孤独两个字拆开,有孩童,有瓜果,有小犬,有蚊蝇,足以撑起一个盛夏傍晚的巷子口,人情味十足。孩童水果猫狗飞蝇当然热闹,但都与你无关,这就叫孤独。

所以,独处不等于孤独。喜欢独处的人,未必是孤独的人,恰恰相反,他的内在很可能是丰富的;而喜爱喧闹的人,即便身处繁华,内心依然可能空虚寂寞。这才是真正的孤独。

懂得享受独处的人,生活更幸福,对生活的满意度也更高。科学家达尔文认为,幸福的真谛在于宁静和大量独处的时光。婚后的达尔文与妻子感情和谐,家庭生活温馨幸福,他会时常和孩子们在院子里嬉闹。尽管如此,他依然会给自己留出独处的时间,回到无人打扰的书房,每天待上近 6 个小时。

生活难免喧嚣嘈杂,独处则会让人格外珍惜和享受生活的美好。

但实际生活中,很多人并不善于独处。

二、如何通过独处提升生活幸福感

有研究人员发现:幸福重要的指标之一,就是你的注意力集中在当下。相比身处一个喧嚣的环境,当一个人独处的时候,注意力更为集中,因此也更能真切地体会和感受到生活的幸福。

那么,如何通过独处提升生活的幸福感?

1. 做自己喜欢的事

书中提到"每日假期"品味练习。意思是,连续一周,每天安排 20 分钟或者更长时间做自己喜欢的事,比如散步、读书、观影等。整个过程全情投入,努力让自己进入心流状态,专注当下,享受每一刻。

曾经有一段时间,因为工作上的压力,我找不到生活的价值和意义。为了重新振作起来,我开始自学手工制作。每天下班回来,我都把自己关在房间里做手工,那段时间内心真的能体会到专注带来的幸福感,而且每完成一个小物件,内心的成就感也是无法形容的。

虽然只是微不足道的小事，但这样的独处经历提醒着我：自己其实并非一无是处，努力生活，人生依然是美好且有意义的。

如果你也像我一样，某段时间觉得情绪低落，感受不到生活的幸福，不妨每天给自己留出一段独处的时间，关掉所有的通信设备，做一些自己喜欢的小事，让自己的心灵重归平静，重新寻找生活的意义。

2. 走出舒适区

获得持续幸福感的关键不仅在于做自己喜欢的事情，还需要舒适区以外的成长与冒险。通过独处提升幸福感，还需要我们敢于跨出舒适区，去做一些从未做过，却更有挑战性的事。比如，独自旅行。

我有一个朋友在职场打拼了七八年，高强度的工作一度让她觉得幸福感极低，为此，她辞去了高薪工作，任性地给自己放了两个月假。

那段时间，她独自一人去了泰国、澳大利亚旅行，和走马观花的旅行不同，每去一个地方，她都会深入参与当地的一些活动。在泰国，她报名了当地的烹饪班，学了几道泰国菜；去澳大利亚，她学习了浮潜，甚至还体验了很多人不敢玩的滑翔伞……

旅行回来，听她眉飞色舞地分享旅行趣闻，我感觉她真的比以前快乐多了。休完假后，她很快找到了自己最喜欢的咨询工作,生活和工作状态都比以前更好了。

很多时候,幸福其实源于我们的主动创造,努力跨出熟悉的生活圈,主动拥抱未知的美好。在一个人的旅行中,我们将会重新认识这个世界,发现生活的美好。

真正懂得独处的人,人淡如菊,内心却温暖强大、波澜不惊。

法国哲学家帕斯卡尔认为,几乎我们所有的痛苦,都来自我们不善于在房间里独处。

孤独的感觉总是很糟,但独处的感觉往往很棒。如何掌握二者平衡的艺术,答案就在这本《精致的独处》中。

当我们学会了独处,也就找到了通往幸福人生的钥匙。

第四节 在极寒之地，"我"点燃了熄灭前的自己

"26 岁那年我离婚了。之前很压抑。

对方告诉我，女生 25 岁以后会不断贬值，我应该感激有人愿意和我结婚。

对方告诉我，写书没什么了不起的，女生应该找份简单的工作，打扮得漂漂亮亮，下班就回家带孩子。

对方告诉我，老家已经很好，想出国上班，不是普通人能做的，我这样的人更是不可能。"

这是上海作家嘉倩的著作《独居冰岛的一年》里的一段话，非常触动我。

同样作为普通人的我，虽囿于狭小天地，却也时常思考着自己的生命究竟还有怎样的可能？渴望探索更新鲜有趣的人生。

我想过去欧洲寻找文艺复兴的灵魂,去一睹简·奥斯汀曾生活的英国乡间,去巴黎品味香奈儿的时尚与优雅,去希腊感受历史的波澜壮阔与大自然的浪漫唯美。却唯独,从未想过去冰岛。

毕竟,这实在是一个遥远且很少被人提起的国度,对它的印象仅限于地理教科书上的介绍:一个缺乏物资、奇冷无比的苦寒之地。

那么,一个上海女孩,为什么要独自去如此遥远的冰岛生活?

怀着好奇的心情我翻开了这本书,结果一发不可收拾,如饥似渴地读了三小时。读完后又忽然觉得,这么好的书,真不该读得太快,得细细品味才对。

在这本散文随笔中,嘉倩描写了在冰岛的所见所闻,并用清新灵动的文字记录了自己的生活日常,读来鲜活有趣,而她面对逆境时的洒脱与坚强更触发了我对人生的思考:生活难免困顿失意,但依然要拥抱那遥远的梦想。

所以,这注定是一本我会一读再读的书。在某个阳光温暖的午后,或是某次长途旅行中,我会把它当作一个朋友,让它陪伴在我身边。

一、去冰岛始于一场人生的逃离，却因此体验到了生活本真

“来冰岛工作是我‘溺水’时撞了大运，抓住了一根救命稻草。”

虽然去冰岛是嘉倩很早就有的一个梦想，但真正促使她去此地的，却缘于现实的挫折：婚姻破裂、全职写作失败。

在申请到一份当地朝九晚五的工作之后，嘉倩一个人来到冰岛首都雷克雅未克，租了一间35平的公寓，开始了在异乡的独居生活。

在书中，她这样描述生活的地方：“这座首都城市很小，沿主街从一端到另一端，二十分钟就能逛完。”地方小，人也少，又是异乡人，生活自然也简单清净，这也正是嘉倩选择冰岛的原因。

每天下班后，就钻回小房子里，读书喝茶、自制吃食，倒也自得其乐，妙趣横生。

“半夜三更突发奇想，想吃年糕，想吃驴打滚，就从柜子里取出从亚洲超市淘来的糯米粉自己做。为了吃那么一口，忙到天亮，白天顶着黑眼圈上班。”

读着嘉倩的文字，想象她忙碌的身影和那布满黑眼圈的眼睛，觉得可爱又有趣。

周末遇到天气好，嘉倩也会去农庄体验乡村生活：

“早晨5点睁眼,再也睡不着,推开窗户,像是拆开一包全新的空气,冰冰凉,呼吸一口,扫去睡意,两头驯鹿在窗前田野上追逐奔跑。”

她写冰岛羊:“这些放出去的羊,整个夏天无忧无虑,自由自在,没有天敌,徒步环岛,渴了,饮冰川水;饿了,啖野生草莓;累了,在草地上酣睡。”读到这段文字的时候,我恨不得马上去冰岛,哪怕作一只冰岛的羊,也是幸福自由的啊!

嘉倩写冰岛的马也很有趣,“冰岛马的模样有些卡通,身高1.5米,小小的个头,摇滚歌星似的发型。”只言片语,一只小巧又时尚的冰岛马形象瞬间跃然纸上。真的爱极了她的文字,连带她笔下所描述的一切……

写冰岛人的生活:“在冰岛村庄,家家户户的窗边都会放一个望远镜,大部分时候是出于八卦,看看邻居在做什么。”在嘉倩的描述下,一切都是那么新鲜有趣,而她的文字读来又是如此愉悦和享受,仿佛调动了全身的感官,让人对冰岛心驰神往。

但冰岛也有糟糕的时候,比如天气就很恶劣,时常狂风大作,精心化好的妆容,出门分分钟就花脸,索性素面朝天。季节单一,最常穿的衣服就是各种毛衣,结果反而省去了换季买时新衣服的烦恼。

冰岛没有大城市的快节奏,也不必思考人生的意义与遥远的梦想，活在当下，体验生活本身就已经足够快乐。但简单不等于匮乏，相反，简单也可以很深刻、很丰富。

亦如嘉倩的描述："当我们谈论候鸟的去向，观察三文鱼的踪迹，喂兔子，不谈论抽象的人生，好像也不赖。"

二、在异国他乡找到了自由，也享受着孤独

"我租了一间不错的公寓，下班后没有压力地写作，做自己喜欢的饭菜，常常能接父母来一起冒险。我拥有最大程度的自由，选择我要的朋友，尝试新的爱好。"

在冰岛，嘉倩体会到了自由的美好。照镜子的时候，仿佛都感觉到自己长得更像自己了。

但自由的另一面，是孤独。"哪怕每天安排得很满，也始终逃不过和自己相处的时刻。这样的生活要持续多久，又能够持续多久？没有答案。"

冰岛人喜欢独处胜过交际，加上亲朋好友不多，时间变得富余。但嘉倩对此很坦然，毕竟，生活原本就无十全十美，任何事情都有两面性，既然喜欢自由，也要懂得享受和承受孤独。

冰岛的冬天，时常有暴风雪，没法出门，每当这时，嘉倩就在屋里泡一杯茶，看书写日记。"对于写作，对于阅读，因为冰岛冷清，我可以安静地朝着作家的路一步步走下去。"在犹如世界尽头的冰岛,嘉倩努力创作,也安心享受隔绝。

对于喜欢阅读的人来说,其实独处真的没什么,因为只要有书陪伴,就不会孤单。更何况,我们还可以写作。没事的时候,可以读书,想说话的时候,就去写作。热爱阅读写作的人,会一直有事可做。

三、比起逃离,拥抱会让人收获更多

嘉倩如此享受在冰岛的独居生活,那么她是否会一直留在冰岛呢?读此书的时候,我禁不住好奇她最终的选择。

对此,嘉倩在书里也作了回答:“独居,然后呢,现在我的回答是,回归人群。”

一年后,嘉倩辞去了原先的工作,在雷克雅未克旅游局找到了一份新工作,每天和世界各地的人打交道,而且还找了一个冰岛丈夫,她开始参与这个世界,也慷慨地让另一个人参与自己的生活。

生而为人,我们都有一颗追逐自由和远方的心,却无法做到无牵无挂。嘉倩可以生活在冰岛,但没有人是一座孤岛。

父母的老去让嘉倩意识到有些世俗责任是自己必须要承担的,来这世上走一遭,她还有新的人生角色需要体验。

虽曾被生活伤害得遍体鳞伤,但嘉倩并未被打垮,不甘心匆忙接受生活限定的她,通过主动选择活出了真正的自己。

“总要为自己活那么几年,或者能有这样的一年,自由自在,像羽毛一样孤单飘零,内心却是安定平静,足够了。”

独居冰岛一年,嘉倩成长了,变得更坚强,也更透彻。之后,她选择回归和重启,并且相信:比起逃离,拥抱会让她收获更多。

“独居的一年,我才知道,原来一个人在最绝望的时候,不是死掉,而是重新开始。”

“即使是个倒霉蛋,也要做一个永远对明天充满希望的倒霉蛋。”

在认清生活的真相后,依然选择热爱生活,这是一种英雄主义,更是一个人骨子里的勇敢与坚强。